迷子の魂と秘密の時空

タデトさん

ある日突然、宇宙人に
連れて行かれました

宝んぼ まるみ

はじめに

〝愛に溢れし魂を見失ったあのころの私〟

こんにちは。作者の宝んぼまるみです。この本を手に取ってくださって本当にありがとうございます。この本は私が実際に経験した不思議な出来事をベースにし、ファンタジーとして描いたマンガです。実話の部分はコラムとして紹介させていただきますので、どうぞお楽しみになさってください。

さて、人生にはそれぞれに背景があり、幸せと感じることもあればその逆もあり。地球上では様々なドラマが日々無数に誕生しています。

私の人生も振り返るといろいろなことがありました。苦しみのどん底にいる時でも外からでは分かりにくいため理解され難く、思いがけずショックなことを言われたりして、さらに自分を苦しみに追い込むような「潜在的に起こる負のループ」に陥ることがありました。特に子供の頃はうまく言語化することもできず、ただひたすら我慢していました。

初めて経験した悲しみは、6歳の時に母が入院したことです。大好きだった母が家にいないこと、退院できるのかもわからない、死んでしまったらどうしようと毎晩泣いていました。それまで明るかった私は一気に暗くなり、学校で忘れ物が多くなりました。先生は家庭の事情をあまり理解されていなかったため、私はよくみんなの前で公開処刑のように怒られていました。私は先生に言い返すこともできず、ただじっとうつむくだけでした。友達に母親が入院していることを話しても「そんなことぐらい」と軽くあしらわれ、自分で悲しみをどこへ持っていったらいいのか分かりませんでした。挙げ句の果てには、近所のおばさんたちが勝手な噂を流す始末。父は仕事が忙しくもともと無口だったため、私は父に悩みを打ち明けることもなく静かに耐えて過ごしました。お陰様で母は約1年ほどの入院で病気は完治し、その後からはずっととても元気に暮らしています。

私は、その6歳の頃に経験した灰色の時代のおかげで、世の中には外からでは見えない悩みや問題を抱えて耐えながら生きている人もいるのだろうと考えるようになりました。私の母親は5歳の時に両親を病気で失くしたため歳の離れた姉夫婦に育てられました。母の姉も戦後の困難な時代を必死に生き抜いてきたためかなかなか厳しい人だったようです。私はたった1年母が入院しただけでもとても辛かったのに、甘えたい盛りの5歳の時に両親を失くした私の母は「どんなにか辛かったことだろう」と思います。私の家庭は裕福でなく、周りもワケありの家庭が多い地域で生まれ育ちました。母子家庭や父子家庭の同級生も多く、今思えば皆子供ながらに必死にそれぞれ悩みを乗り越えて毎日を過ごしていたんだなと思います。

社会に出てからも夢や希望はボッコボコのメッタメタにされることが多く、気が付いたら心はガサガサ。笑顔は消え失せ、疲れてるのに眠れない。体調は悪く、お金もなけりゃぁ時間もない。そんな日々を過ごしていました。

この本を読んでくださっているあなたも、今まさに苦しい時を過ごされているかもしれません。昔の苦しかった感情が何度も蘇ってきて、悲しい思いをされている方もいることと思います。普段は明るく何事もないよう振る舞っているあなたも、もしかしたら何かで悩まれているかもしれません。反対に毎日幸福で楽しくて仕方ないという方もいるでしょう。苦しみの中に幸福や感謝を見つけられる方もいらっしゃるでしょう。「何も不自由してないのに何となく毎日が楽しくない」という方などさまざまな人生背景があると思います。

時に社会は厳しく、自分の期待とはまったく違う反応が返ってくることも日常茶飯事。今となっては「自分のことを他人にわかってもらえる」と思い込んでいたことが私のおごりだったようにも感じます。

マンガの中では私自身を脚色した「丸野マルミ」が主人公です。ブラック企業が登場しますが私が初めて就職した会社の話なのでかなり昔の出来事になります。最近の会社は「パワハラ・モラハラ・セクハラは絶対許しません」というところも多いので本当に辞めて良かったなと思っています。しかし、まだまだ苦しい生活をされている方が多いのも現実だと思います。

私はこのマンガで自分の本心を知ることが幸福への近道だということを描きました。そして、本心からはずれたことをすると、その時は良くても後からしんどくなったり辛くなったりして軌道修正するのにまた振り出しに戻りがちです。私は過去に流産と離婚を経験し、その時に人生が一度リセットされ、本心を知る大切さを実感しました。本心を知ると自動的に行動も変化していきます。行動が変わると環境も自然に変化しました。私の趣味は音楽なのですが、本心を知ったことによりとても良い音楽仲間のご縁ができました。そしてこの本を出版してくださるヒカルランドさんともご縁をいただき、自分の仕事にもどんどん繋がって素晴らしい循環が巡ってきたのです。

本心は自分にしかわかりません。
あなたの本心は今、何と言っていますか？

後のコラムにも書きましたが、マンガの中に不思議な存在たちからのメッセージをたくさん織り込みました。この本を通してほんの少しでもあなたの心が軽やかな至福に包まれますように。
では本編をお楽しみください。

目次

ブックデザイン・編集協力
takaokadesign

主な登場人物

丸野マルミ
ブラック企業に勤める会社員。
主人公。

タデトさん
マルミの前に現れた謎の存在。

ドクトル
タデトさんの友達。

ヘム
小人の賢者。

カゲ
両親を探す旅人。

赤イナゴ
（マイヤーズ3世）
傲慢で強欲な男。

ウスノロ
赤イナゴの手下。

ぴーちぃ
地球観察協会から派遣された
宇宙人。

—1—

ボク、タデト

やりたくない仕事や満たされない毎日に
疲れきっている主人公のマルミ。
そんなマルミの前に突如現れた「タデト」なる生命体。
そんなタデトに導かれ、
マルミは「あっちの世界」に誘われる。

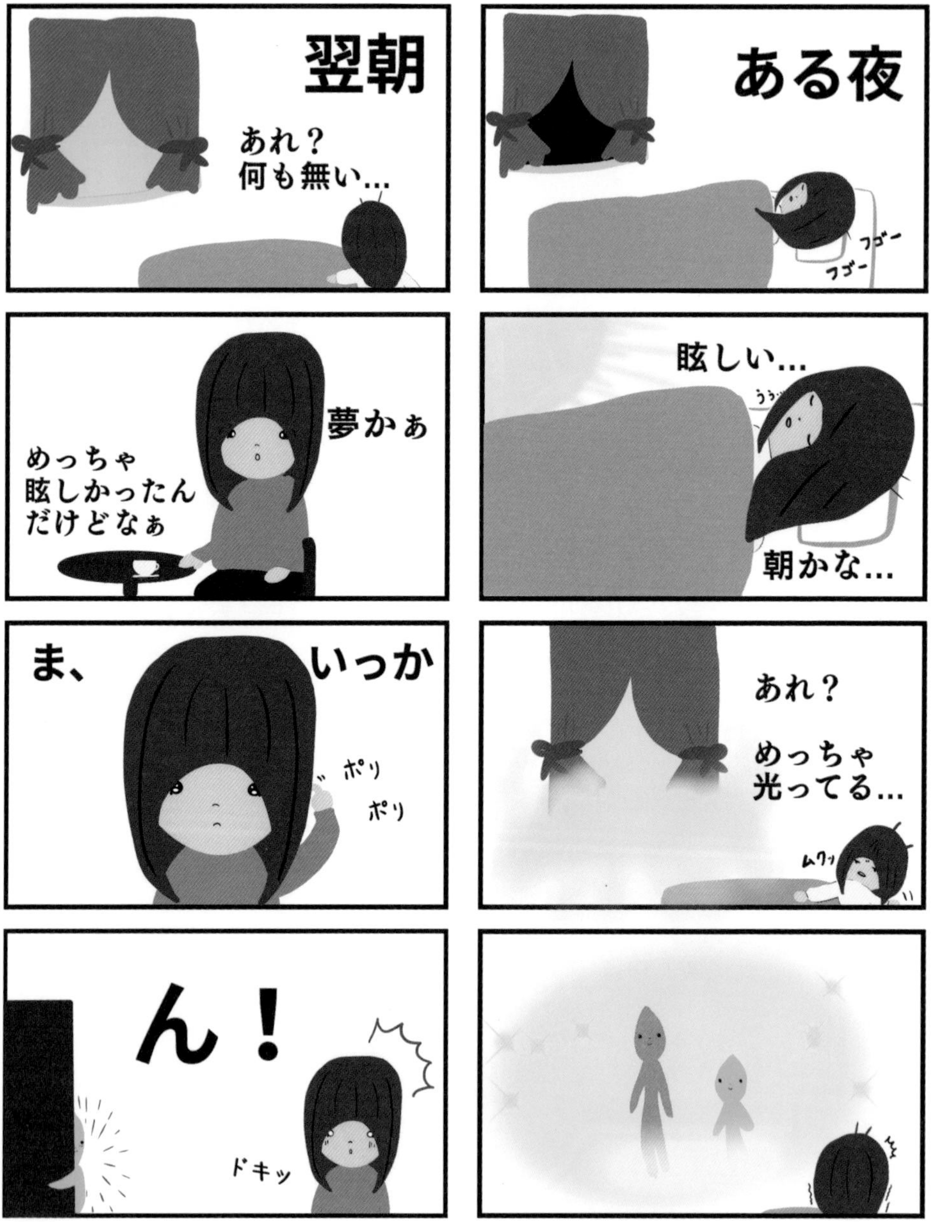

ある夜
フゴー
フゴー
眩しい…
うぅ…
朝かな…
あれ？
めっちゃ
光ってる…
ムクッ
翌朝
あれ？
何も無い…
夢かぁ
めっちゃ
眩しかったん
だけどなぁ
ま、いっか
ポリ
ポリ
ん！
ドキッ

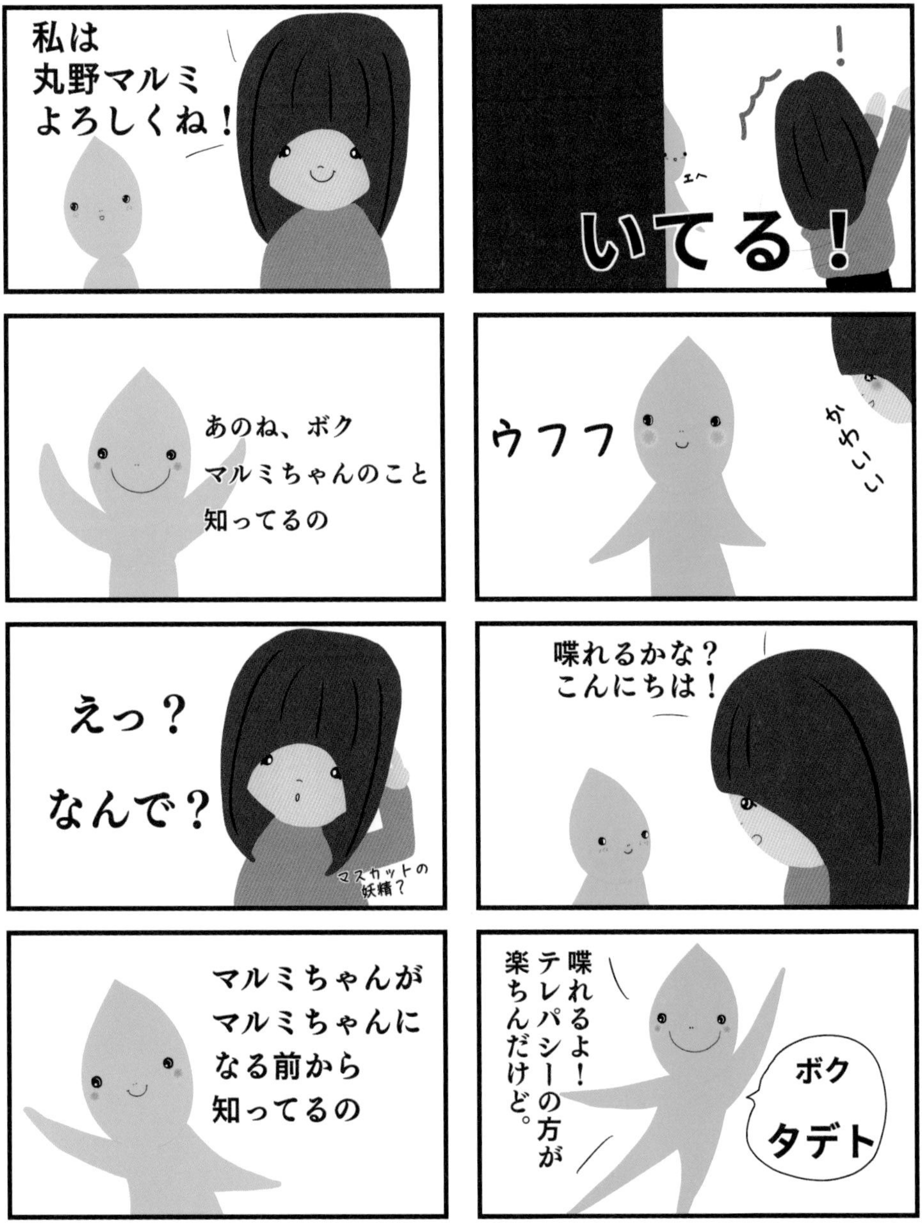
!
エヘ
いてる!
ウフフ
かわいい
喋れるかな?
こんにちは!
喋れるよ!
テレパシーの方が
楽ちんだけど。
ボク
タデト
私は
丸野マルミ
よろしくね!
あのね、ボク
マルミちゃんのこと
知ってるの
えっ?
なんで?
マスカットの
妖精?
マルミちゃんが
マルミちゃんに
なる前から
知ってるの

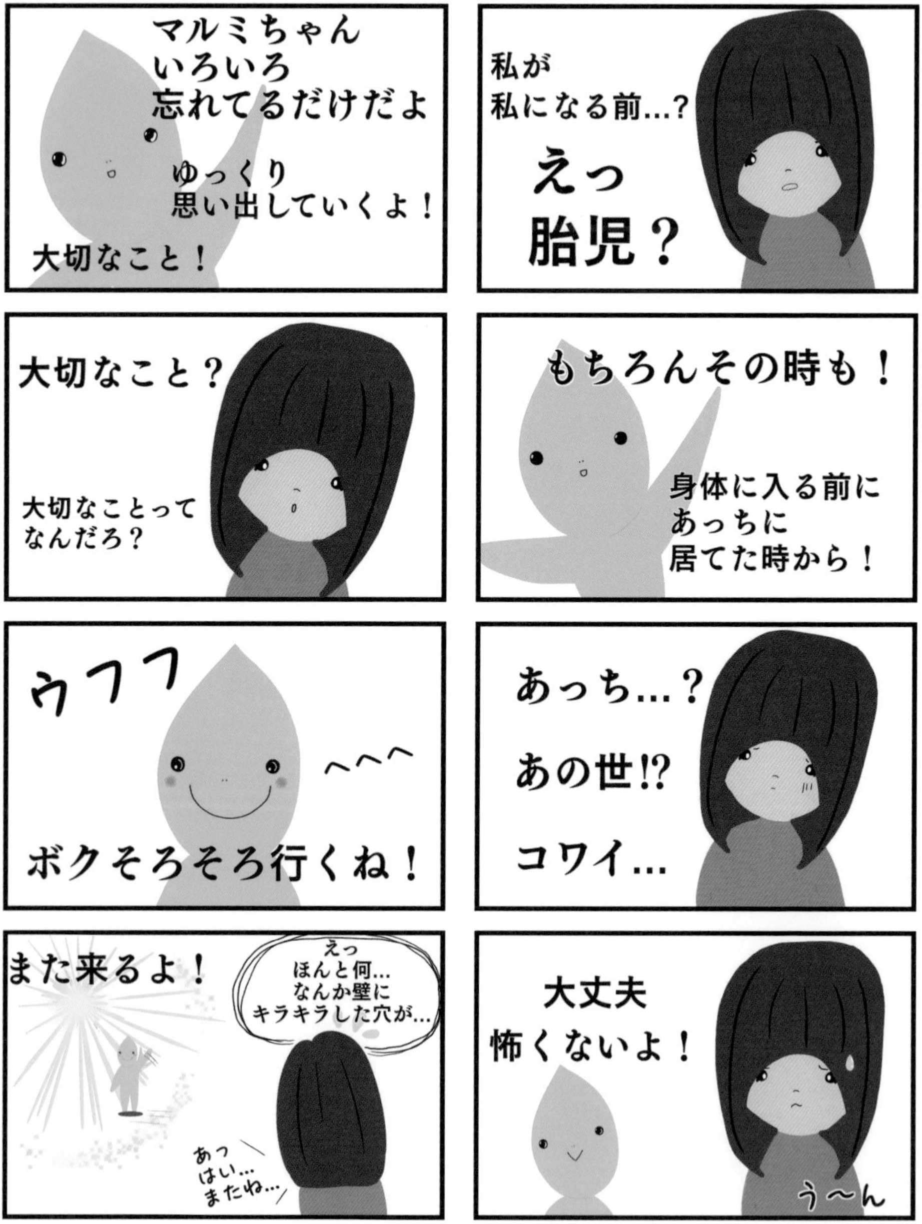
私が
私になる前…？
えっ
胎児？
もちろんその時も！
身体に入る前に
あっちに
居てた時から！
あっち…？
あの世!?
コワイ…
大丈夫
怖くないよ！
う〜ん
マルミちゃん
いろいろ
忘れてるだけだよ
ゆっくり
思い出していくよ！
大切なこと！
大切なこと？
大切なことって
なんだろ？
ウフフ
ボクそろそろ行くね！
また来るよ！
えっ
ほんと何…
なんか壁に
キラキラした穴が…
あっ
はい…
またね…

ねぇ
聞いて！
あなたの
時間を奪ってあげる！
マウント取れる
相手みーつけた。
本心が
きこえる
私は
化粧品会社で
働いている。
キラキラした女性らしい
世界に憧れて入社した。
だけど現実は厳しい。
←ワーキングプア
聞いて〜
見て〜
マウント人間
時間泥棒
パワハラ
カスハラ…
お前のせいだ！
謝れ！
ももも申し訳ございません
ご覧の通り
失敗が多くて
よく
怒られている
チョット！
何やってんのよ！
ガシャーン
少ない賃金
ラーメン
残高500円て…
あんなに
働いてこれか。
私だけ残業とか…
あと
おねが〜い！
はい
のしかかる税金
税金
断れないと
いうより
我慢しすぎて
何が嫌か
分からなく
なってきてる
何とか
乗り切ってる感じ
カリ
カリ

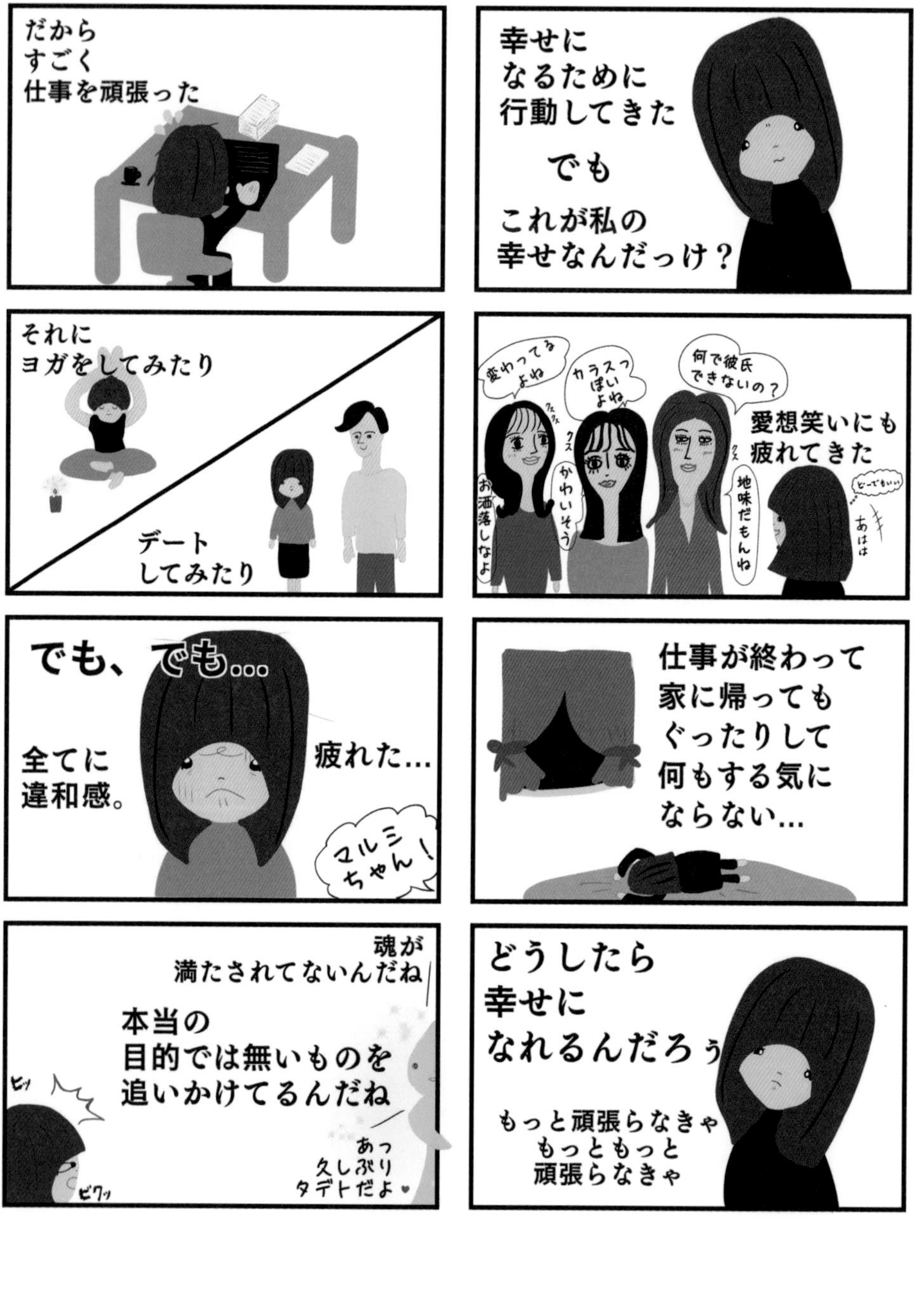
だから
すごく
仕事を頑張った
幸せに
なるために
行動してきた
でも
これが私の
幸せなんだっけ？
それに
ヨガをしてみたり
デート
してみたり
変わってるよね
クスクス
カラスっぽいよね
クス
何で彼氏できないの？
クス
お洒落しなよ
かわいそう
地味だもんね
愛想笑いにも
疲れてきた
どーでもいい
あはは
でも、でも…
全てに
違和感。
疲れた…
マルミちゃん！
仕事が終わって
家に帰っても
ぐったりして
何もする気に
ならない…
魂が
満たされてないんだね
本当の
目的では無いものを
追いかけてるんだね
ビッ
ビクッ
あっ
久しぶり
タデトだよ
どうしたら
幸せに
なれるんだろぅ
もっと頑張らなきゃ
もっともっと
頑張らなきゃ

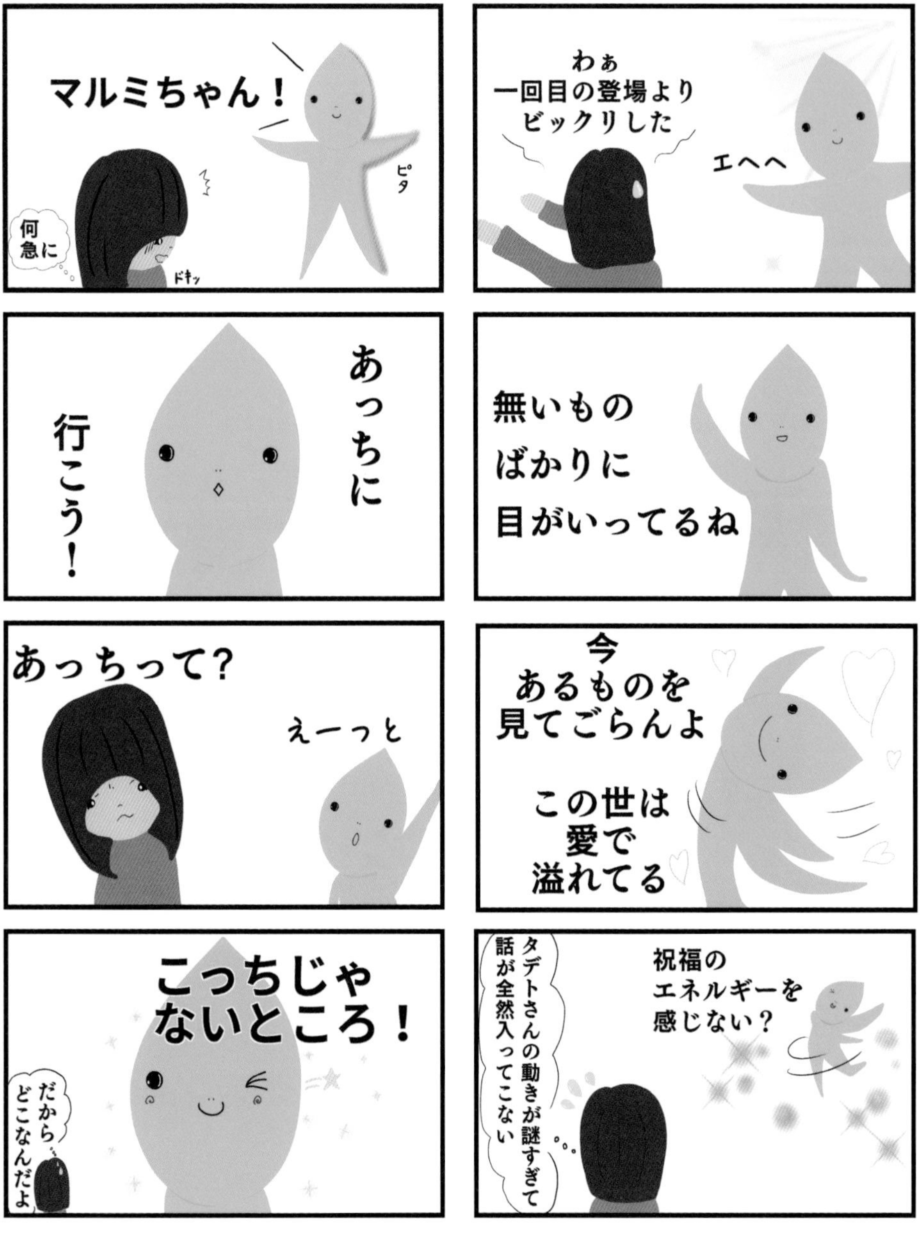
マルミちゃん！
ピタ
何急に
ドキッ
わぁ
一回目の登場より
ビックリした
エヘヘ
あっちに
行こう！
無いもの
ばかりに
目がいってるね
あっちって？
えーっと
今
あるものを
見てごらんよ
この世は
愛で
溢れてる
こっちじゃ
ないところ！
だから、
どこなんだよ
祝福の
エネルギーを
感じない？
タデトさんの動きが謎すぎて
話が全然入ってこない

光の扉!
えっ!
今から?
明日も仕事だし
急に居なくなったら
皆んな心配するし
準備してないし
ダイジョウブ!
時間は「今」の連続
「今」の連続とは?
ええ〜
安心して
あっちに行っても
今と同じ時間に
戻ってこれるよ
ヒエ〜
それに
なんでもあるよ
私って
ほんと
バカだな…
信用して
いいの
かなぁ
あっちの世界
ウチの家の壁から
こんなとこに
通じてたの!
マルミちゃん
眼球が
白くなってるよ
ウチの家の壁に
扉みたいなのがあるの?
ううん
ちがうよ
なんか道具があるの?
魔法?
呪文?
テクノロジー?
えっまさか
ワタシ死んだの?

ウフフ
違うよ あのねー
思うの。ただ、思うの。
えー じゃ思ったら できるってこと？ 私にも できるってこと だよね？
コツを掴んだらね！
石を掴もうと思うのと 実際に石を掴むのとは ちょっと違うでしょ？
うーん イメージするだけじゃ 石は 掴めないってこと？ なんか難しいね。
ブツブツ
んー
光の扉を作ろうと思うのと
実際にそれが できるのは違うってこと？
言葉で説明するのは 難しいね
テレパシーを 送れたら 一瞬で 理解してもらえるんだけどね
マルミちゃんに 会わせたい人が いるんだ 行こう
ザッザッ
テクテク
テレパシーで 光の扉の作り方 見せてくれたら いいんじゃない？
そっか…
そう 簡単には いかないよ

えっ！
いつ？
エヘヘ
タデトさん
あそこで
誰かが笑ってる！
ウンウン
テクテク
この前の夜の！
あー！
ボクより
背の高い
オレンジの
タデトさんに
聞きたいことが
ありすぎるわ…
木の精だよ
そ、そうなんだ
なんか
はっきり
覚えてないけど。。。
居たような
気がする
木の精って
結構
大きいんだなぁ
あっ！
さ、こっちだよ
って言うか
そもそも
タデトさんて
何なんだろう…
会わせたい人のおウチだよ
あっそうそう
そういえば
マルミちゃん
会ったことあるよ
可愛いおウチ！

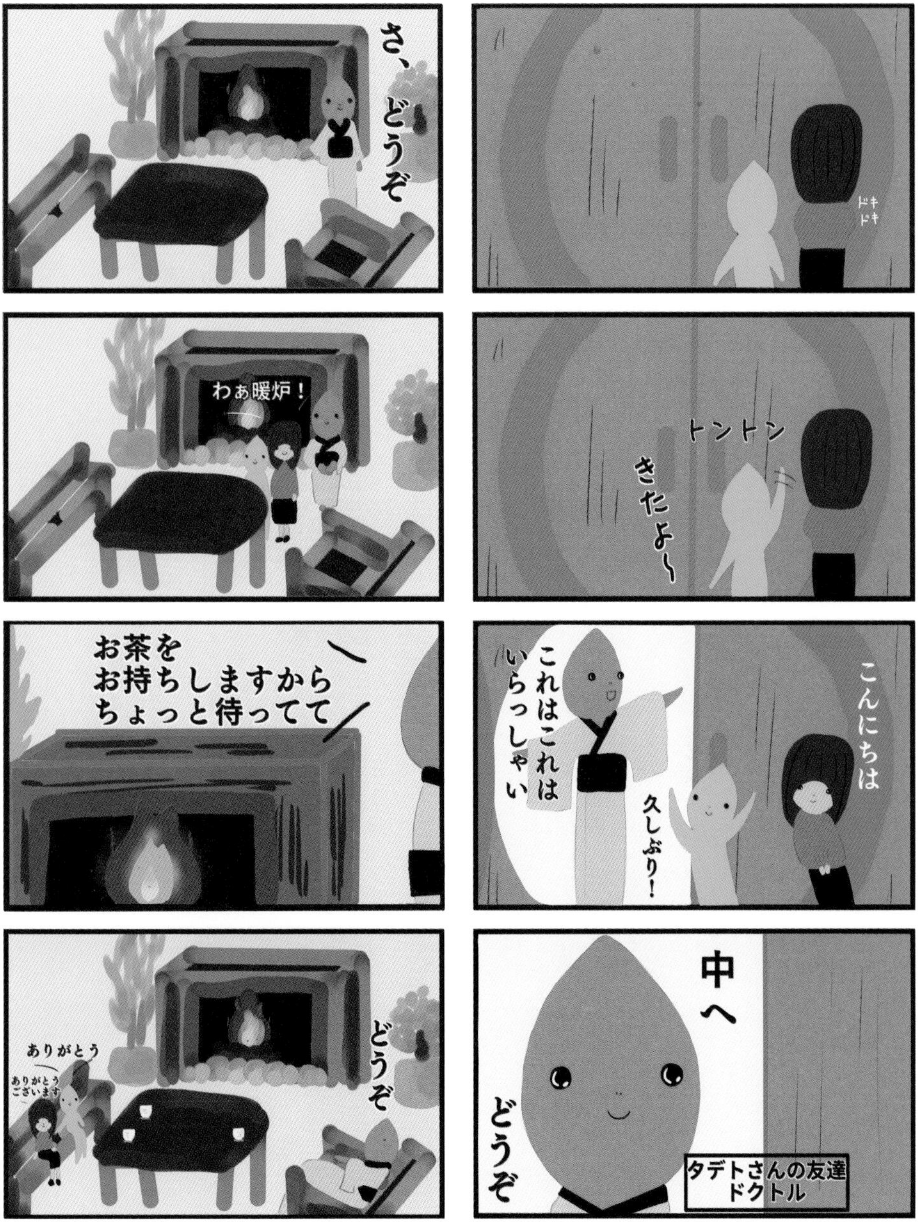
ドキドキ
トントン
きたよ〜
こんにちは
これはこれはいらっしゃい
久しぶり！
中へどうぞ
タデトさんの友達
ドクトル
さ、どうぞ
わぁ暖炉！
お茶をお持ちしますからちょっと待ってて
どうぞ
ありがとう
ありがとうございます

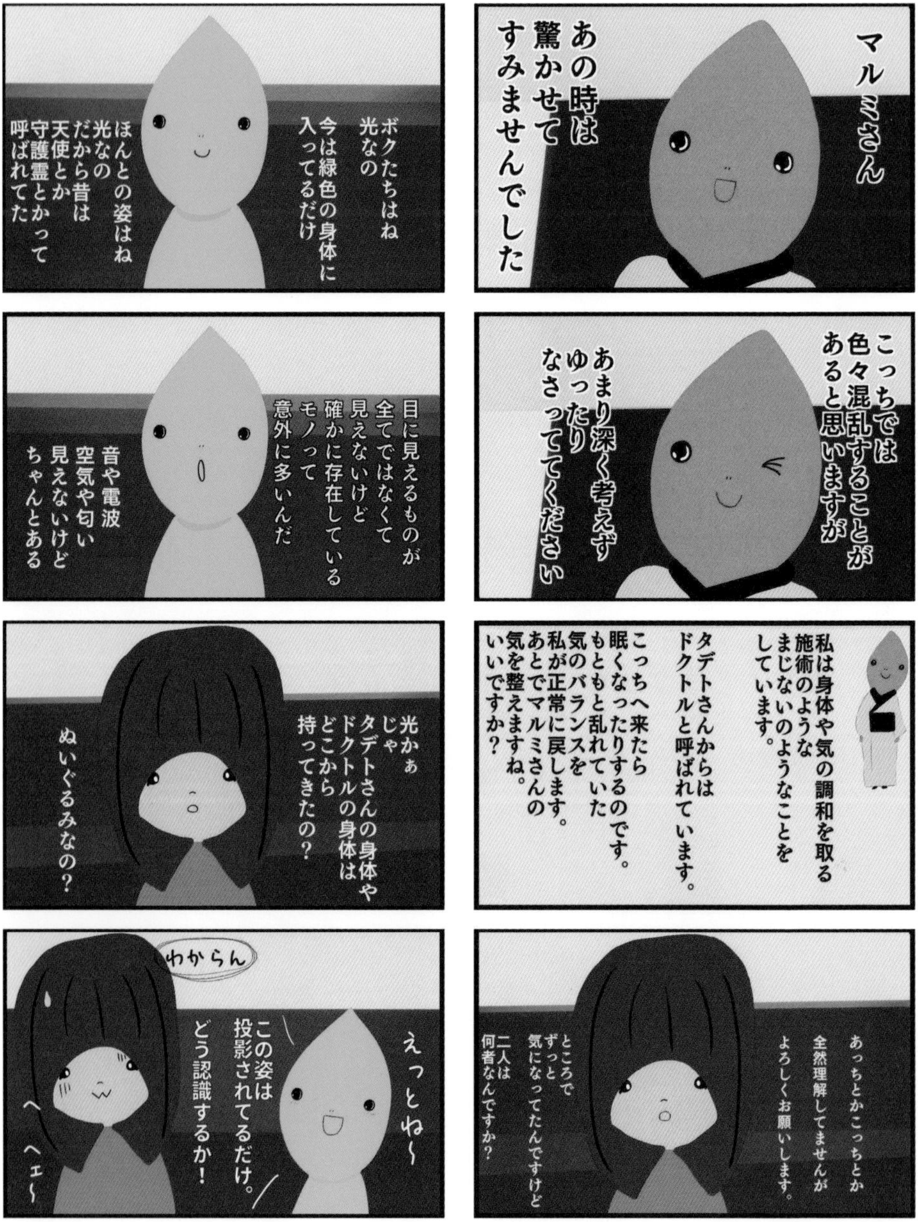

マルミさん
あの時は驚かせてすみませんでした
こっちでは色々混乱することがあると思いますが
あまり深く考えずゆったりなさっててください
私は身体や気の調和を取る施術のようなまじないのようなことをしています。
タデトさんからはドクトルと呼ばれています。
こっちへ来たら眠くなったりするのです。
もともと乱れていた気のバランスを私が正常に戻します。
あとでマルミさんの気を整えますね。いいですか？
あっちとかこっちとか全然理解してませんがよろしくお願いします。
ところでずっと気になってたんですけど二人は何者なんですか？
ボクたちはね光なの
今は緑色の身体に入ってるだけ
ほんとの姿はね光なの
だから昔は天使とか守護霊とかって呼ばれてた
目に見えるものが全てではなくて見えないけど確かに存在しているモノって意外に多いんだ
音や電波 空気や匂い 見えないけどちゃんとある
光かぁ じゃタデトさんの身体やドクトルの身体はどこから持ってきたの？
ぬいぐるみなの？
えっとね～
この姿は投影されてるだけ。どう認識するか！
わからん
へへェ～

投影…
周波数…
カタチが無い!?
ホログラム!?
イヤ、ここに来る時手を引いてくれたしなぁ
ちょっと触るよ
ふわ〜
近くで見たらうぶ毛生えてる
プニ
?
ホワ〜
心がポカポカする
柔らかくてうぶ毛が生えててあたたかくて
触ったら心がポカポカするってわかったよ!
何者かとか私には難しくてよく分からない。
だけど本当は光だけど今はこう見えてるってことだね!

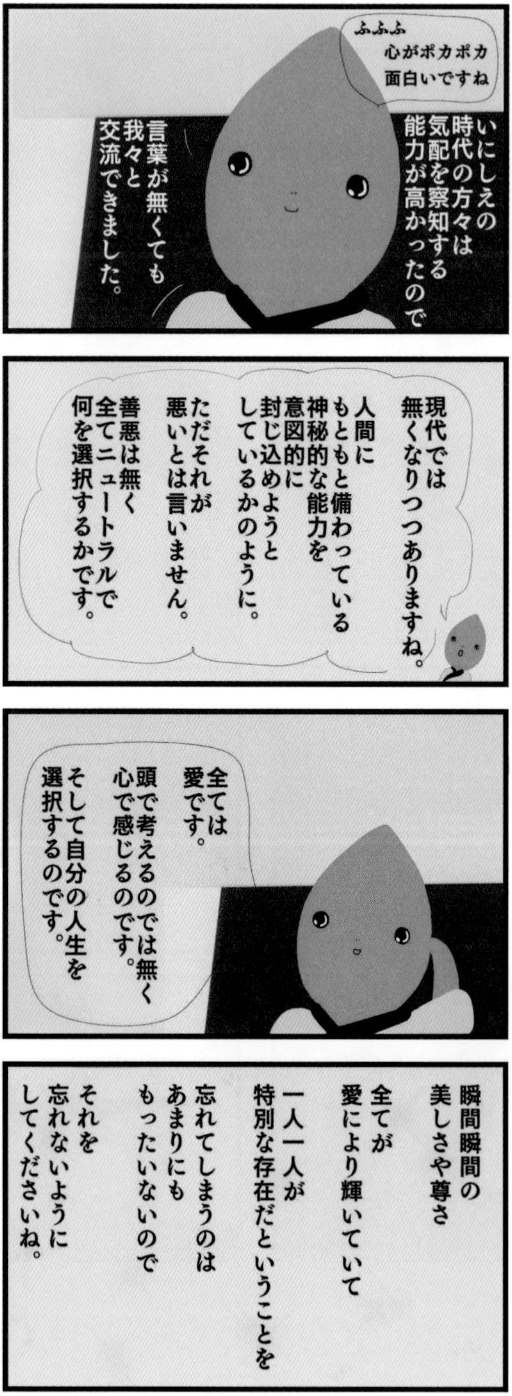
ふふふ
心がポカポカ
面白いですね
いにしえの
時代の方々は
気配を察知する
能力が高かったので
言葉が無くても
我々と
交流できました。
現代では
無くなりつつありますね。
人間に
もともと備わっている
神秘的な能力を
意図的に
封じ込めようと
しているかのように。
ただそれが
悪いとは言いません。
善悪は無く
全てニュートラルで
何を選択するかです。
全ては
愛です。
頭で考えるのでは無く
心で感じるのです。
そして自分の人生を
選択するのです。
瞬間瞬間の
美しさや尊さ
全てが
愛により輝いていて
一人一人が
特別な存在だということを
忘れてしまうのは
あまりにも
もったいないので
それを
忘れないように
してくださいね。

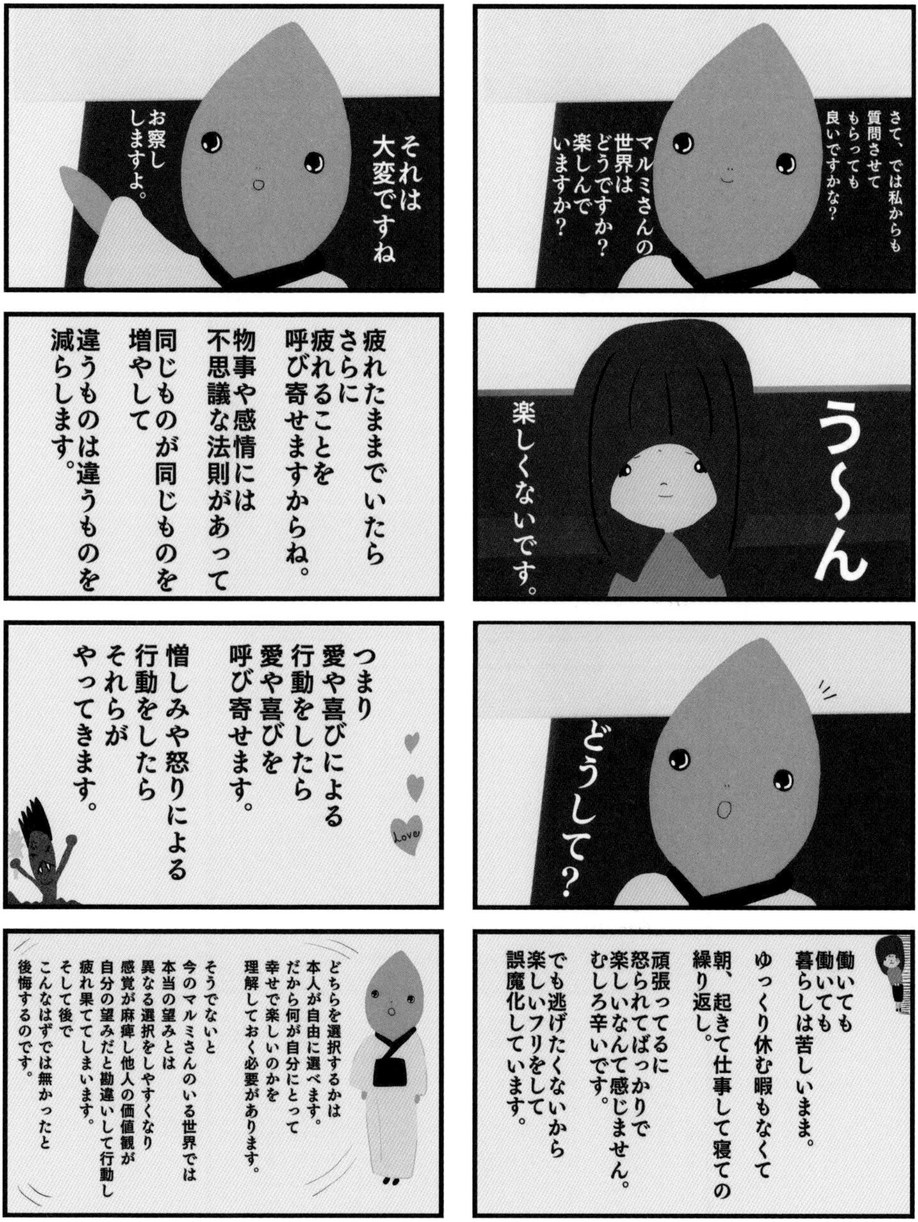
さて、では私からも質問させてもらっても良いですかな？
マルミさんの世界はどうですか？楽しんでいますか？
それは大変ですね
お察ししますよ。
う〜ん
楽しくないです。
疲れたままでいたらさらに疲れることを呼び寄せますからね。
物事や感情には不思議な法則があって同じものが同じものを増やして違うものは違うものを減らします。
どうして？
つまり愛や喜びによる行動をしたら愛や喜びを呼び寄せます。
憎しみや怒りによる行動をしたらそれらがやってきます。
Love
働いても働いても暮らしは苦しいまま。
ゆっくり休む暇もなくて朝、起きて仕事して寝ての繰り返し。
頑張ってるに怒られてばっかりで楽しいなんて感じません。むしろ辛いです。
でも逃げたくないから楽しいフリをして誤魔化しています。
どちらを選択するかは本人が自由に選べます。だから何が自分にとって幸せで楽しいのかを理解しておく必要があります。
そうでないと今のマルミさんのいる世界では本当の望みとは異なる選択をしやすくなり感覚が麻痺し他人の価値観が自分の望みだと勘違いして行動し疲れ果ててしまいます。そして後でこんなはずでは無かったと後悔するのです。

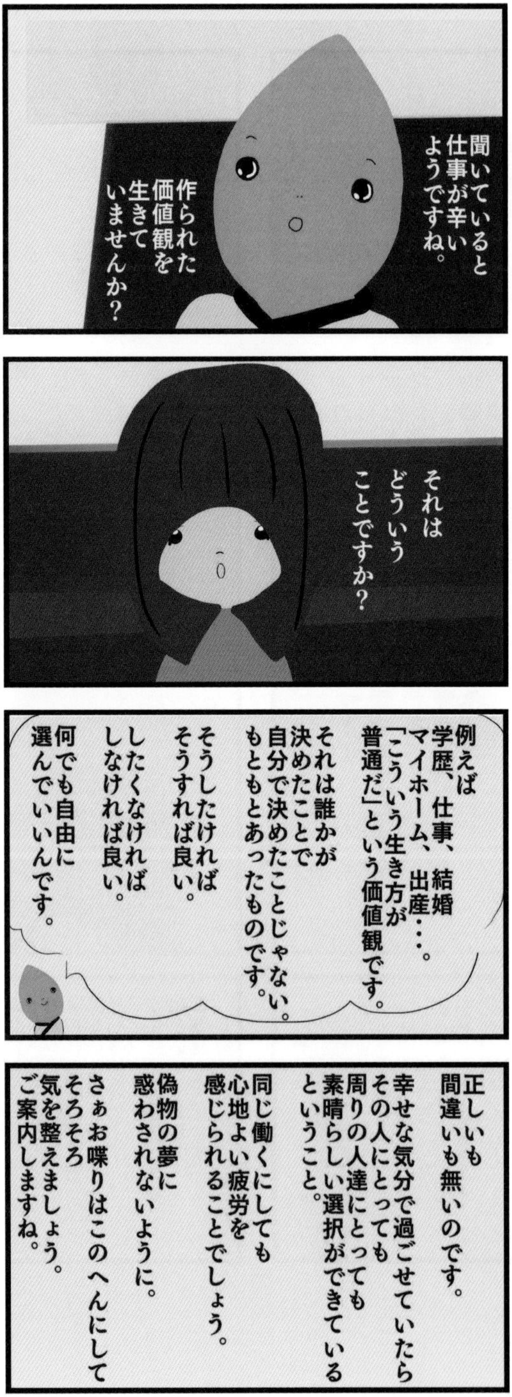
聞いていると仕事が辛いようですね。
作られた価値観を生きていませんか？
それはどういうことですか？
例えば学歴、仕事、結婚マイホーム、出産・・・。「こういう生き方が普通だ」という価値観です。
それは誰かが決めたことで自分で決めたことじゃない。もともとあったものです。
そうしたければそうすれば良い。
したくなければしなければ良い。
何でも自由に選んでいいんです。
正しいも間違いも無いのです。
幸せな気分で過ごせていたらその人にとっても周りの人達にとっても素晴らしい選択ができているということ。
同じ働くにしても心地よい疲労を感じられることでしょう。
偽物の夢に惑わされないように。
さぁお喋りはこのへんにしてそろそろ気を整えましょう。
ご案内しますね。

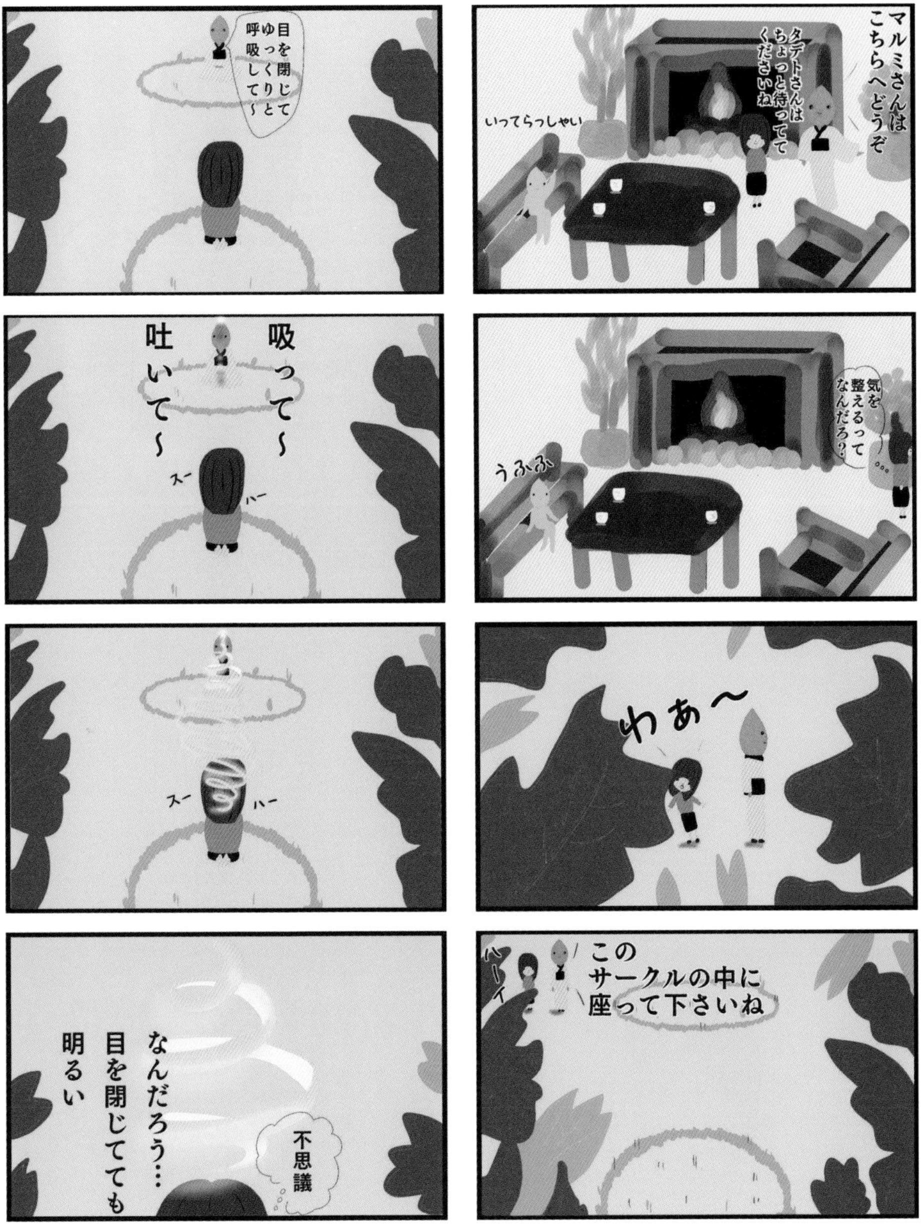
マルミさんはこちらへどうぞ
タデトさんはちょっと待っててくださいね
いってらっしゃい
気を整えるってなんだろ？
うふふ
わあ～
ハーイ
このサークルの中に座って下さいね
目を閉じてゆっくりと呼吸してて～
吸って～
吐いて～
スー
ハー
スー
ハー
なんだろう…
目を閉じてても明るい
不思議

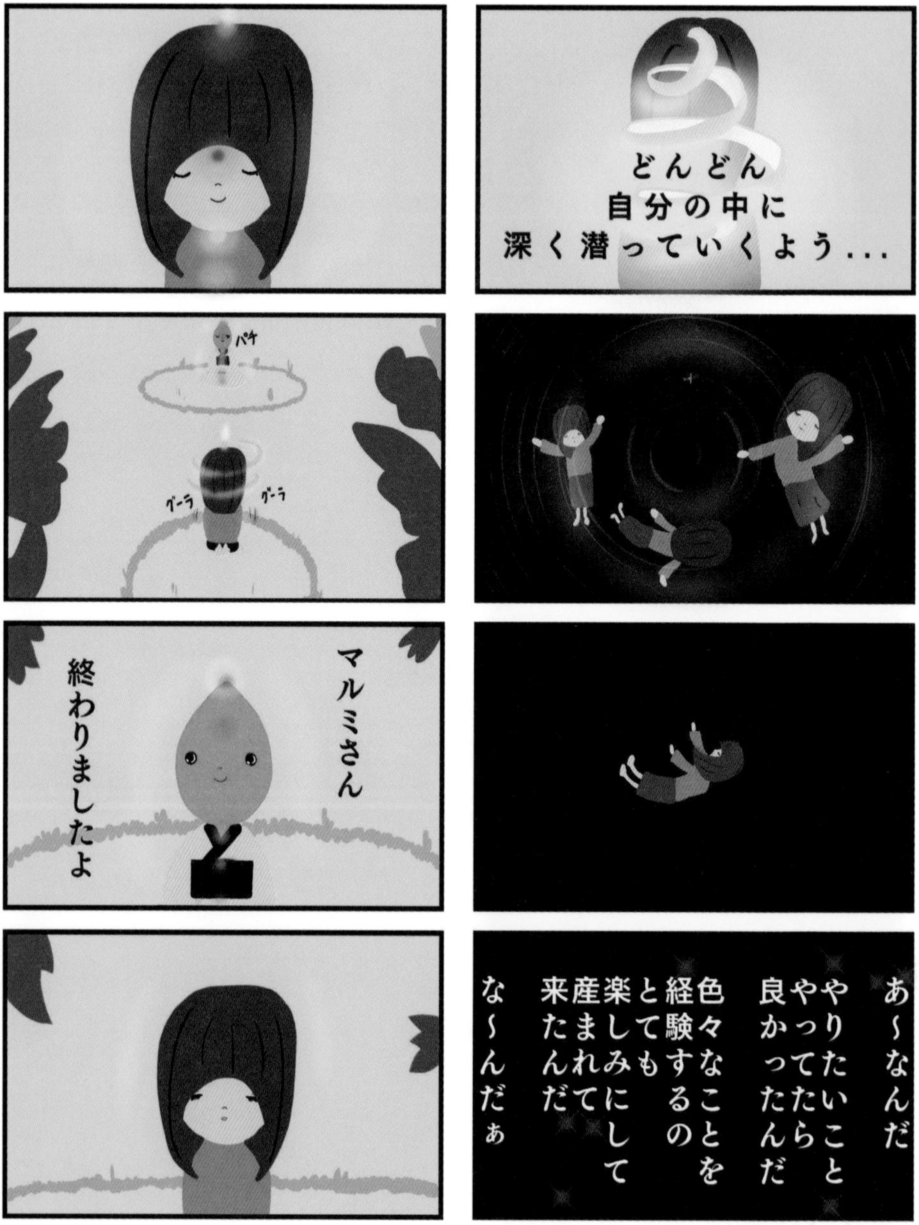
どんどん
自分の中に
深く潜っていくよう...
パチ
グーラ
グーラ
マルミさん
終わりましたよ
あ〜なんだ
やりたいこと
やってたら
良かったんだ
色々なことを
経験するの
とても
楽しみにして
産まれて
来たんだ
な〜んだぁ

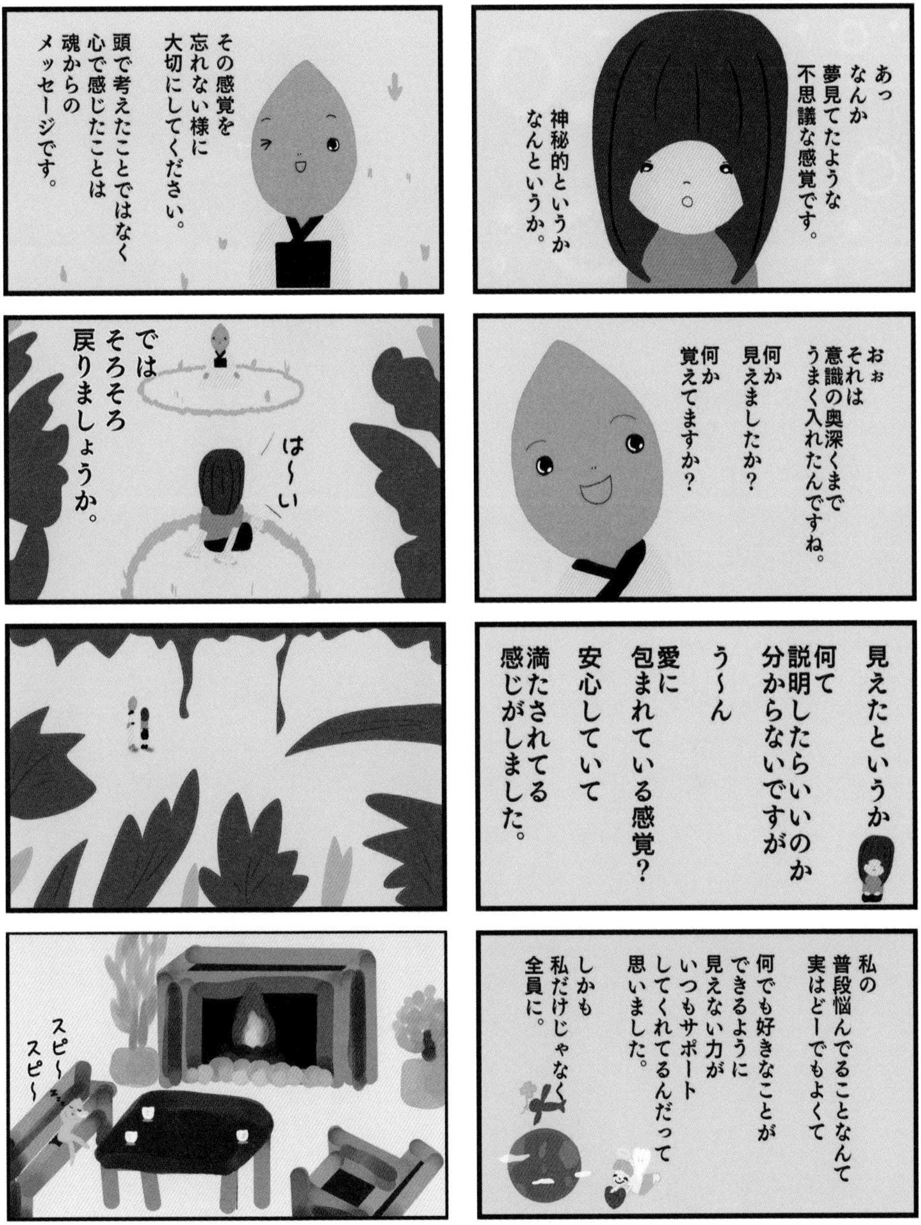
あっ
なんか
夢見てたような
不思議な感覚です。
神秘的というか
なんというか。
おぉ
それは
意識の奥深くまで
うまく入れたんですね。
何か
見えましたか？
何か
覚えてますか？
見えたというか
何て
説明したらいいのか
分からないですが
う～ん
愛に
包まれている感覚？
安心していて
満たされてる
感じがしました。
私の
普段悩んでることなんて
実はどーでもよくて
何でも好きなことが
できるように
見えない力が
いつもサポート
してくれてるんだって
思いました。
しかも
私だけじゃなく
全員に。
その感覚を
忘れない様に
大切にしてください。
頭で考えたことではなく
心で感じたことは
魂からの
メッセージです。
では
そろそろ
戻りましょうか。
は～い
スピ～
スピ～

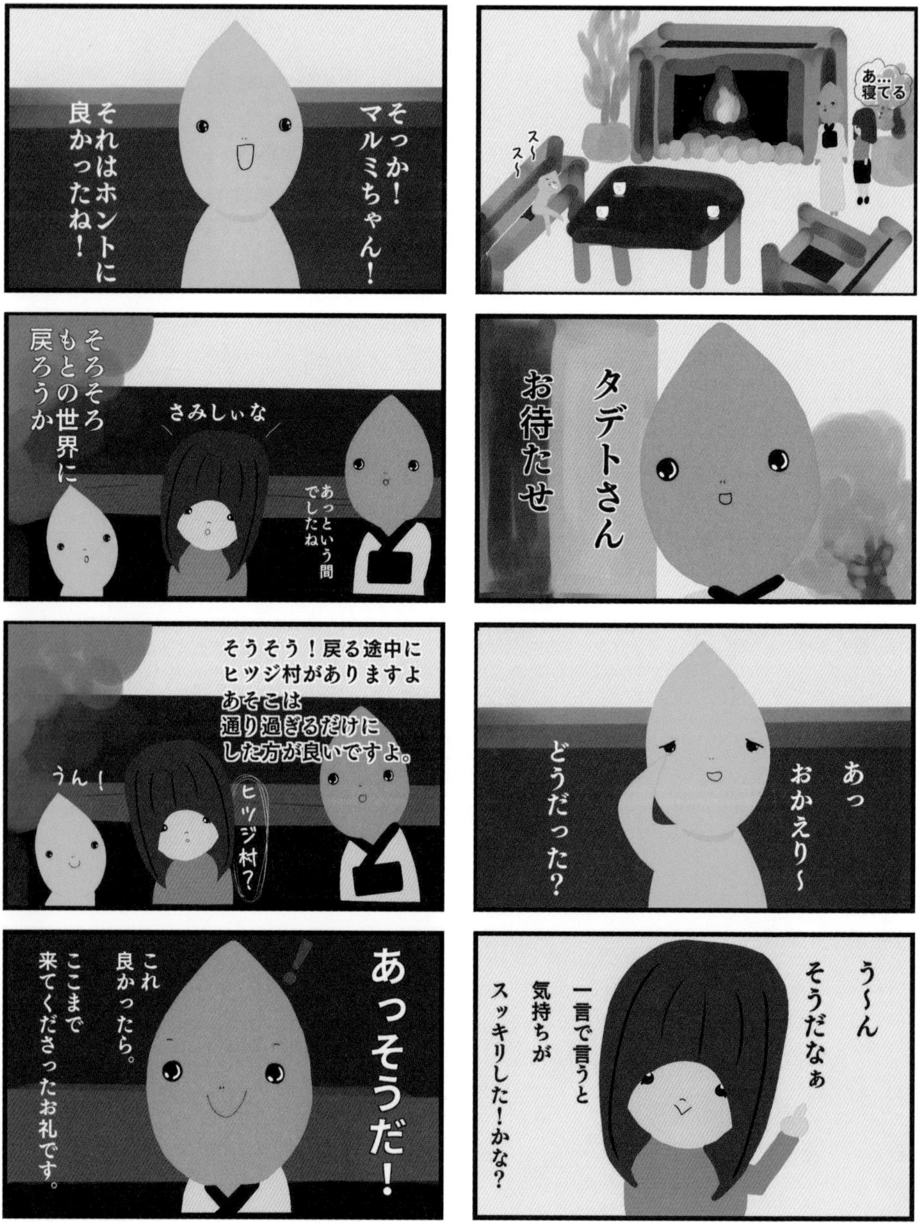

あ…寝てる
ス～ス～
タデトさん
お待たせ
あっ
おかえり～
どうだった?
う～ん
そうだなぁ
一言で言うと
気持ちが
スッキリした!かな?
そっか!
マルミちゃん!
それはホントに
良かったね!
そろそろ
もとの世界に
戻ろうか
さみしいな
あっという間
でしたね
そうそう!戻る途中に
ヒツジ村がありますよ
あそこは
通り過ぎるだけに
した方が良いですよ。
ヒツジ村?
うん!
あっそうだ!
これ
良かったら。
ここまで
来てくださったお礼です。

はい　どうぞ！
タデトさんには襟巻き
マルミさんには磨いた石
わーい
ありがとうございます！
ありがとう！
さよなら
お気をつけて
お元気で〜
バイバーイ
さっきドクトルが羊村通るって言ってたけど来た道と違う道なの？
コソッ
うん！
ジーッ
入口と出口の流れみたいなのがあってその流れに沿って帰るの。
陰陽みたいな感じ！
でもね「絶対にこう！」とかルールは無いからその気になればどこからでも出入りできるんだけどね！
思ったら良いだけだし。
ヘェ〜
エネルギーが、とか
磁場が、とか
国境が、とか
そんなんじゃないんだね。
激ユルの世界なんだなきっと
N
S
E
W

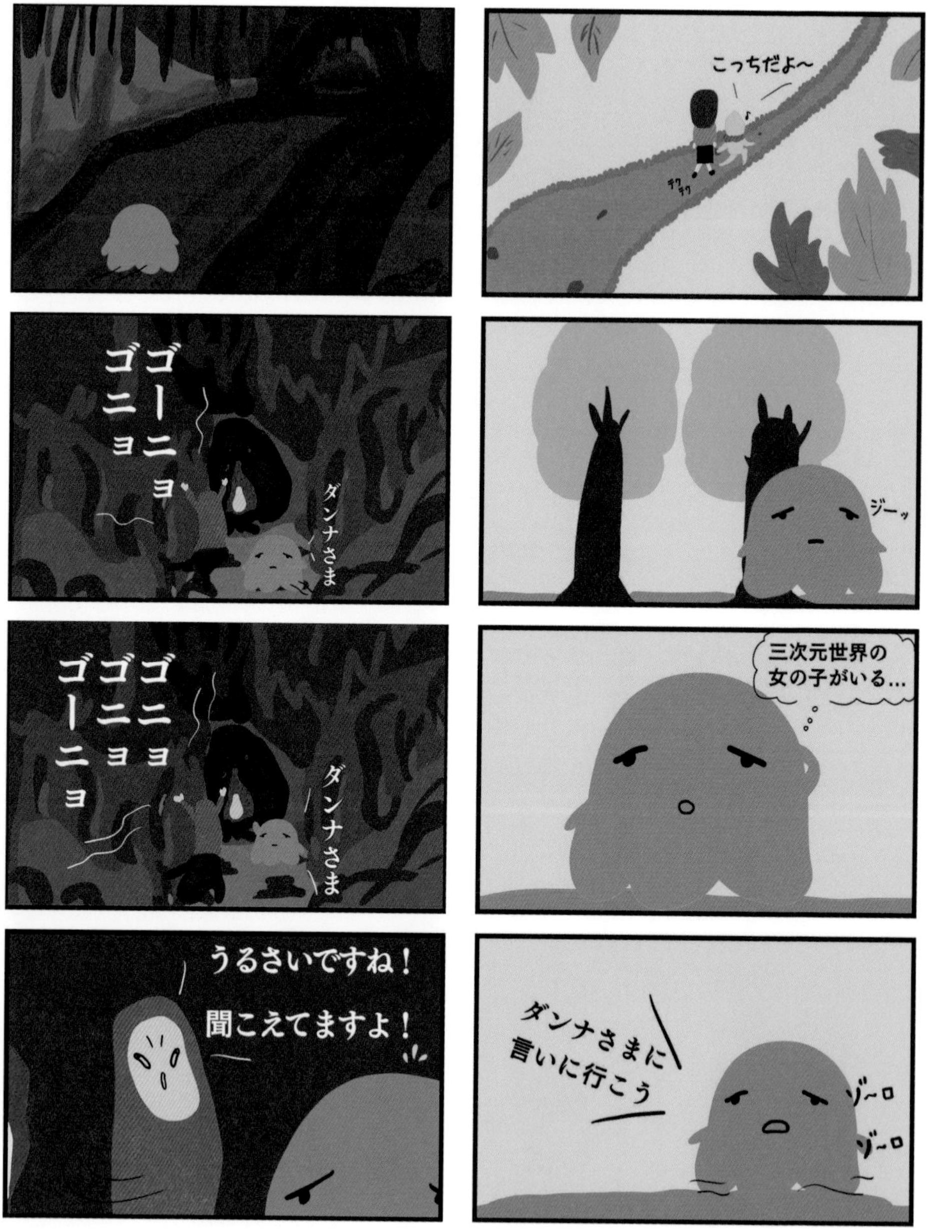
こっちだよ〜
テクテク
ジーッ
三次元世界の女の子がいる…
ダンナさまに言いに行こう
ゾ〜ロ
ゾ〜ロ
ゴーニョ
ゴニョ
ダンナさま
ゴニョ
ゴニョ
ゴーニョ
ダンナさま
うるさいですね！
聞こえてますよ！

さっさと言いなさい！
イラッ
イライラ
あ…あの…
ムカッ
イライラされると萎縮するでやすダンナさま
私に笑えと命令するのか！このウスノロ！
さっさと用件を言え！
スイヤセンスイヤセン
あっちで三次元世界の女の子を見たでやす
お、女の子？
私は女の子は嫌いですよ
一人でいたんですか？
変なカタチのミドリのやつと一緒にいやした
何だそれは
ちょっと絵に描いてみなさい
変なカタチのミドリのやつ!?

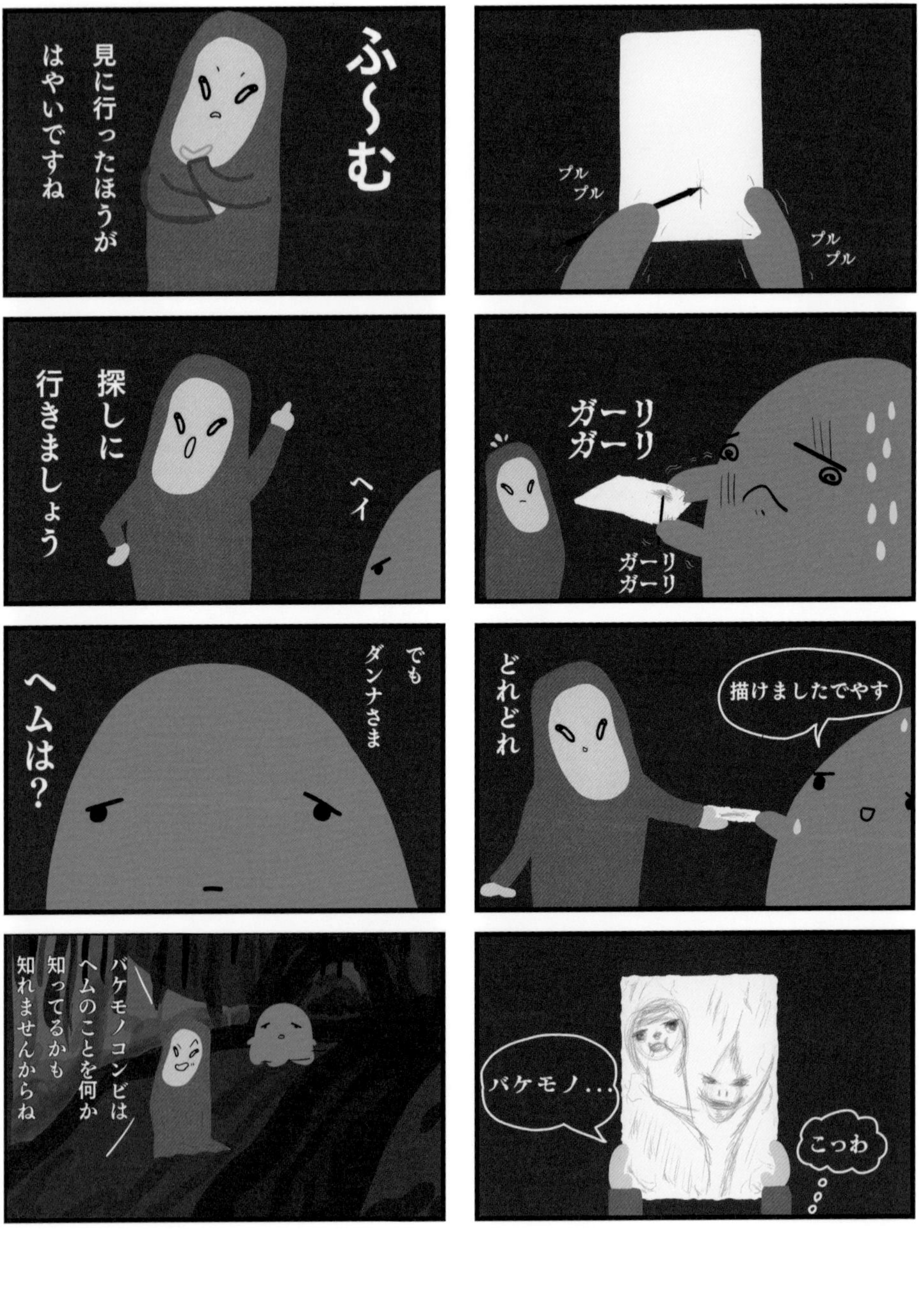
ブルブル
ブルブル
ガーリガーリ
ガーリガーリ
描けましたでやす
どれどれ
バケモノ…
こっわ
ふ〜む
見に行ったほうがはやいですね
探しに行きましょう
ヘイ
でもダンナさま
ヘムは？
バケモノコンビはヘムのことを何か知ってるかも知れませんからね

ベランダにいた宇宙人の話

小学校低学年、初めての未知との遭遇

ヒカルランドさんと『タデトさん』のミーティングをしていた時に「コラムを書いてください」と伝えていただき、その時は「はい。わかりました」と普通に返事をしていました。しかし何を隠そう私は小学校の卒業アルバムに『将来の夢は作家』と書いた人間です。その時は緊張していたのもあってボヤ〜っとしていたのですが、後からじわじわと『文章を書いて良いとお許しがでた！』『小学生の頃の夢がいきなり叶った！』『来世で占い師に〝あなたの前世は作家でした〟と言われる』とテンションが上がってきて、数日間ずっとニヤニヤしていました。

しかし、いざ書くとなると難しい！　読者の皆様には読み苦しい箇所もあるかもしれませんが、この本を楽しんで読んでいただけるよう今までほとんど人に話さなかったこと、私が人生の中で体験した謎の出来事をこのコラムで紹介していきたいと思います。人に話すと「馬鹿にされるか」「心配されるか」「魔女狩りに遭うか」の3択を迫られるように思ってきたので、今まで封印していたのですが、このたび勇気を振り絞って解禁することにしました。

ではまず、タデトさんを描く一番はじめのきっかけとなったことをお話ししましょう。それは小学校低学年くらいの頃の話です。夜中スヤスヤ寝ていた私はものすごく明るい光をまぶたの裏に感じて、「あれ?…もう朝かぁ。もうちょっと寝たいのに……」と目覚めました。そして光の方

に目をやると、ギンギラギンに輝く謎の2体の生き物がベランダに立って、こっちを見ていたのを目の当たりにしたのです。それはそれはもうギンギラギンに光ってました。真夏の海の太陽ぐらいの輝きです。1人はシルバーっぽい色で背が低く、もう片方は背が高くオレンジ色に光っていました。2人とも目が大きくて、宇宙人グレイとまでもいかないものの目元がとても印象的でした。私はその2人の眩しさに耐えながらも真顔で眺めていたと思います。そして何故か私はそのオレンジの方を、「あの人は博士かドクターなのだ」と不思議と認識していました。そして、まったく怖くありませんでした。その後の記憶は曖昧です。私はそのまま寝てしまったようで、いまでもあれは夢だったのか？　現実だったのか？　と不思議に思っています。しかし私に強烈なインパクトを与え、マンガまで描かせるきっかけになったことは間違いありません。ちなみにそのギンギラギンの翌朝、母親に「昨晩外が眩しくなかったか」と聞いてみたところ、「いつもと変わらない夜だった」ということでした。学校でも近所に住む同級生にそのギンギラギンのことを聞いてみましたが「なにもなかったよ」と言ってました。それが時を経て、タデトさんとドクトルというキャラクターになりました。

ちなみにそのギンギラギン2体には、それ以来お目にかかっていません。しかし、その後も私は意味不明な体験をするのです。それは次のコラムで書きます。それでは、お待たせいたしました。本編をお楽しみください。

—2—

奴隷の村　ヒツジ村へ

タデトさんにあっちの世界へ連れてこられたマルミは、
魂が満たされる体験をする。
ドクトルのもとをあとにしたタデトとマルミは
次にヒツジの村へ向かうが・・・

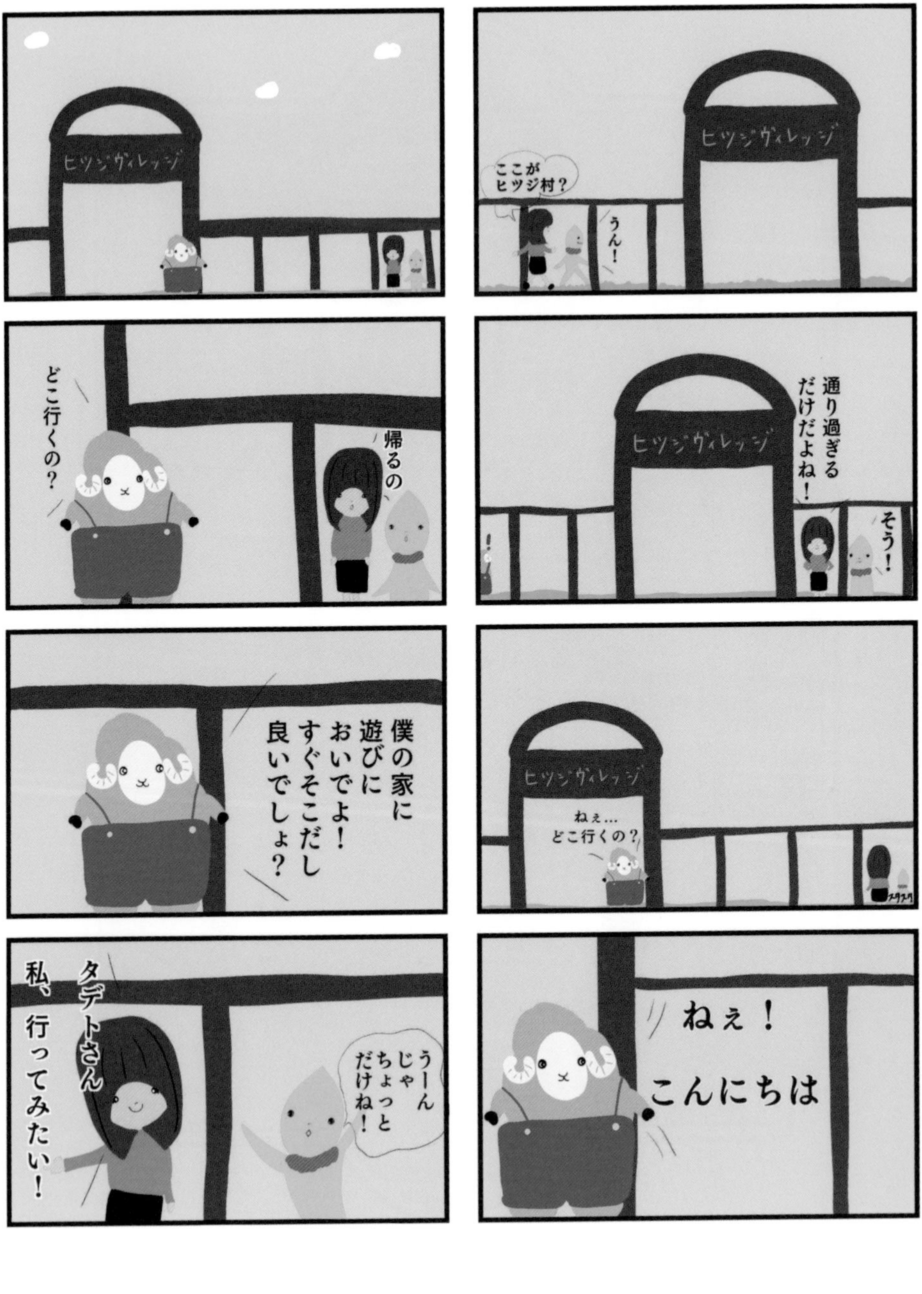
ヒツジヴィレッジ
うん！
ここがヒツジ村？
そう！
通り過ぎるだけだよね！
ヒツジヴィレッジ
ねぇ…どこ行くの？
スタスタ
ねぇ！
こんにちは
ヒツジヴィレッジ
帰るの
どこ行くの？
僕の家に遊びにおいでよ！すぐそこだし良いでしょ？
うーんじゃちょっとだけね！
タデトさん
私、行ってみたい！

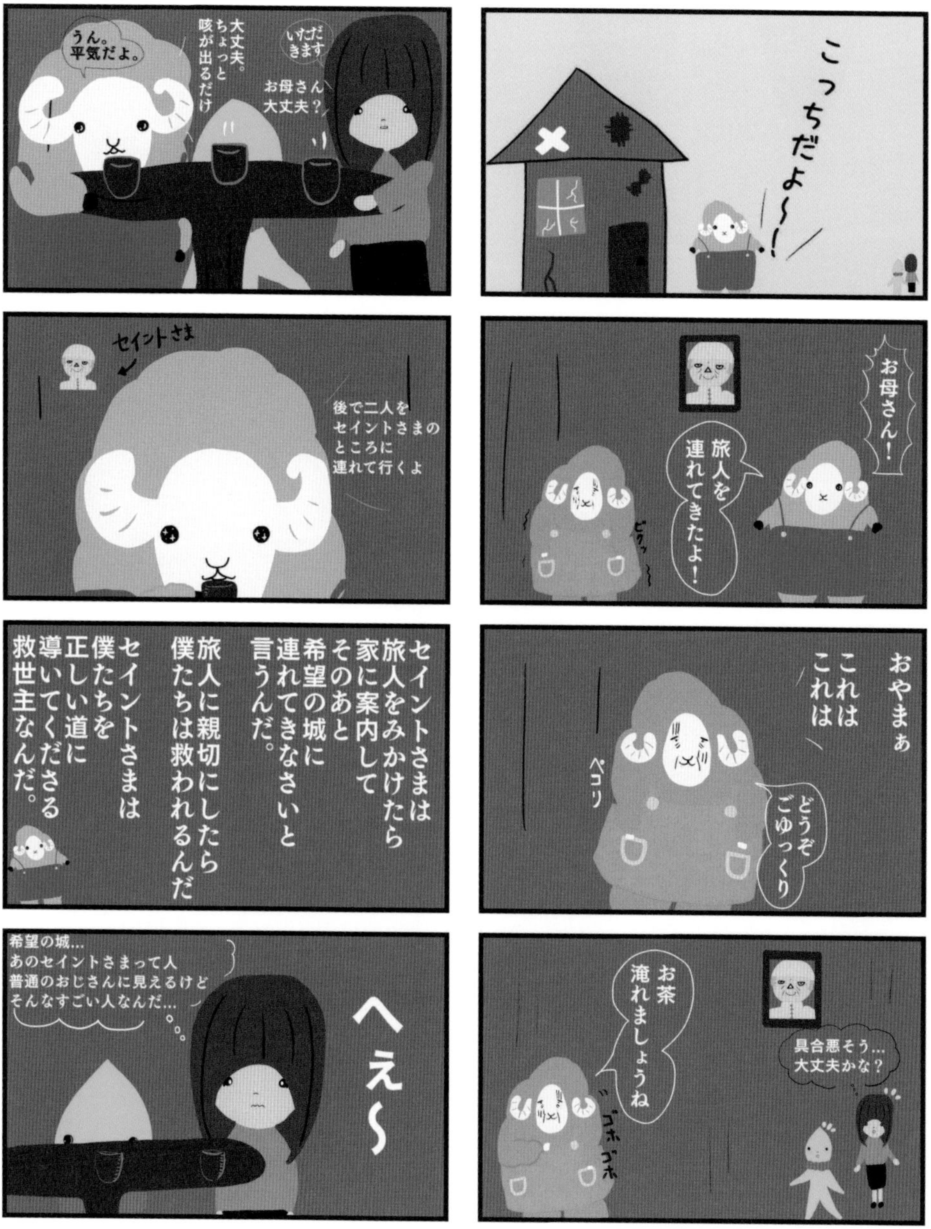
こっちだよ〜!
お母さん!
旅人を連れてきたよ!
ビクッ
おやまぁ
これはこれは
ペコリ
どうぞごゆっくり
お茶淹れましょうね
ゴホゴホ
具合悪そう…大丈夫かな?
いただきます
お母さん大丈夫?
大丈夫。ちょっと咳が出るだけ
うん。平気だよ。
セイントさま
後で二人をセイントさまのところに連れて行くよ
セイントさまは旅人をみかけたら家に案内してそのあと希望の城に連れてきなさいと言うんだ。
旅人に親切にしたら僕たちは救われるんだ
セイントさまは僕たちを正しい道に導いてくださる救世主なんだ。
へぇ〜
希望の城…あのセイントさまって人普通のおじさんに見えるけどそんなすごい人なんだ…

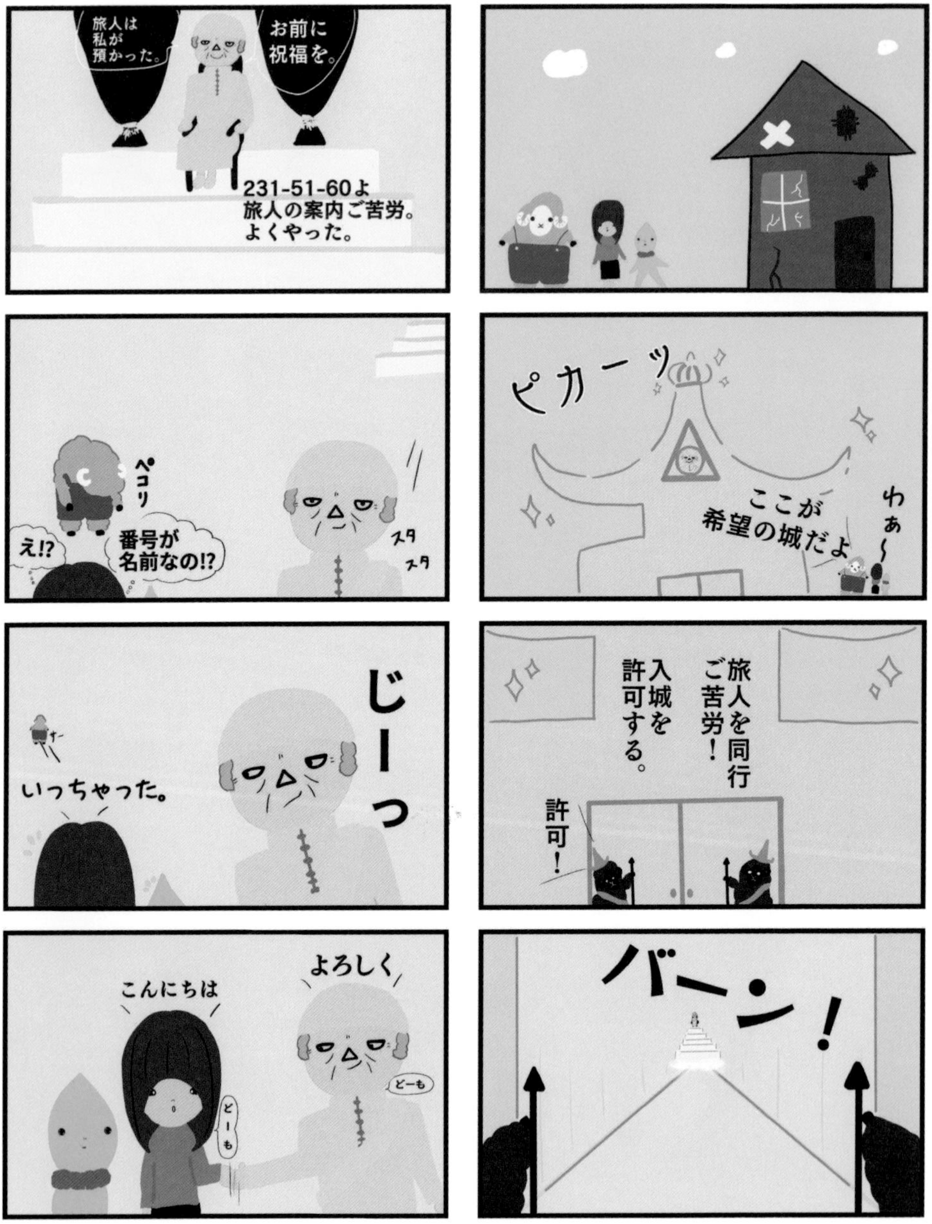

ピカーッ
ここが希望の城だよ
わぁ〜
旅人を同行ご苦労！入城を許可する。
許可！
バーン！
旅人は私が預かった。
お前に祝福を。
231-51-60よ旅人の案内ご苦労。よくやった。
ペコリ
スタ
スタ
え!?
番号が名前なの!?
じーっ
いっちゃった。
よろしく
こんにちは
どーも
どーも

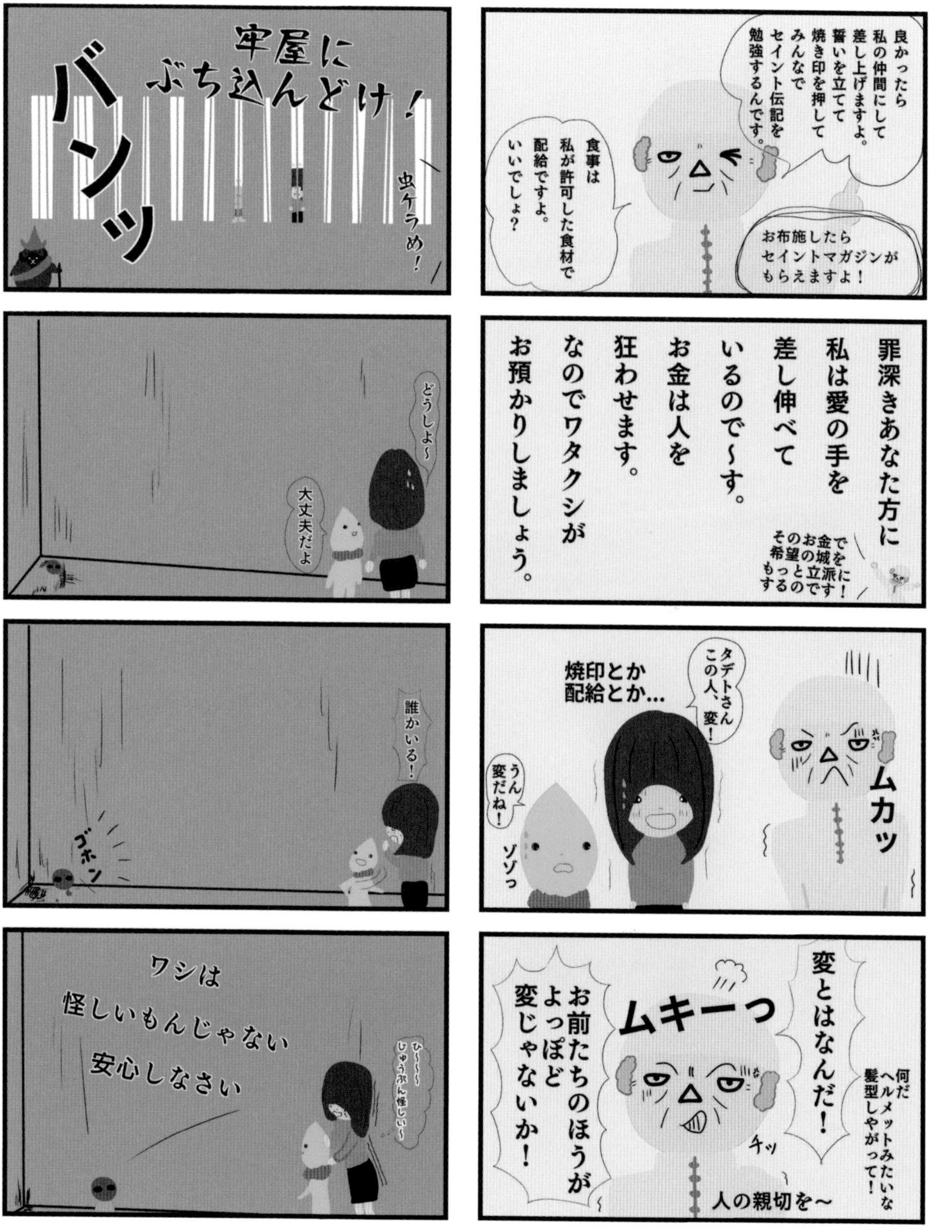
良かったら私の仲間にして差し上げますよ。誓いを立てて焼き印を押してみんなでセイント伝記を勉強するんです。
食事は私が許可した食材で配給ですよ。いいでしょ?
お布施したらセイントマガジンがもらえますよ!
罪深きあなた方に私は愛の手を差し伸べているので〜す。お金は人を狂わせます。なのでワタクシがお預かりしましょう。
そのお金で希望の城をもっと立派にするのです!
タデトさん この人、変!
焼印とか配給とか…
うん 変だね!
ムカッ
ゾゾっ
変とはなんだ!
何だ ヘルメットみたいな髪型しやがって!
お前たちのほうがよっぽど変じゃないか!
ムキーっ
チッ
人の親切を〜
牢屋にぶち込んどけ!
バンッ
虫ケラめ!
どうしよ〜
大丈夫だよ
誰かいる!
ゴホン
ワシは怪しいもんじゃない安心しなさい
ひ〜〜〜 じゅうぶん怪しい〜

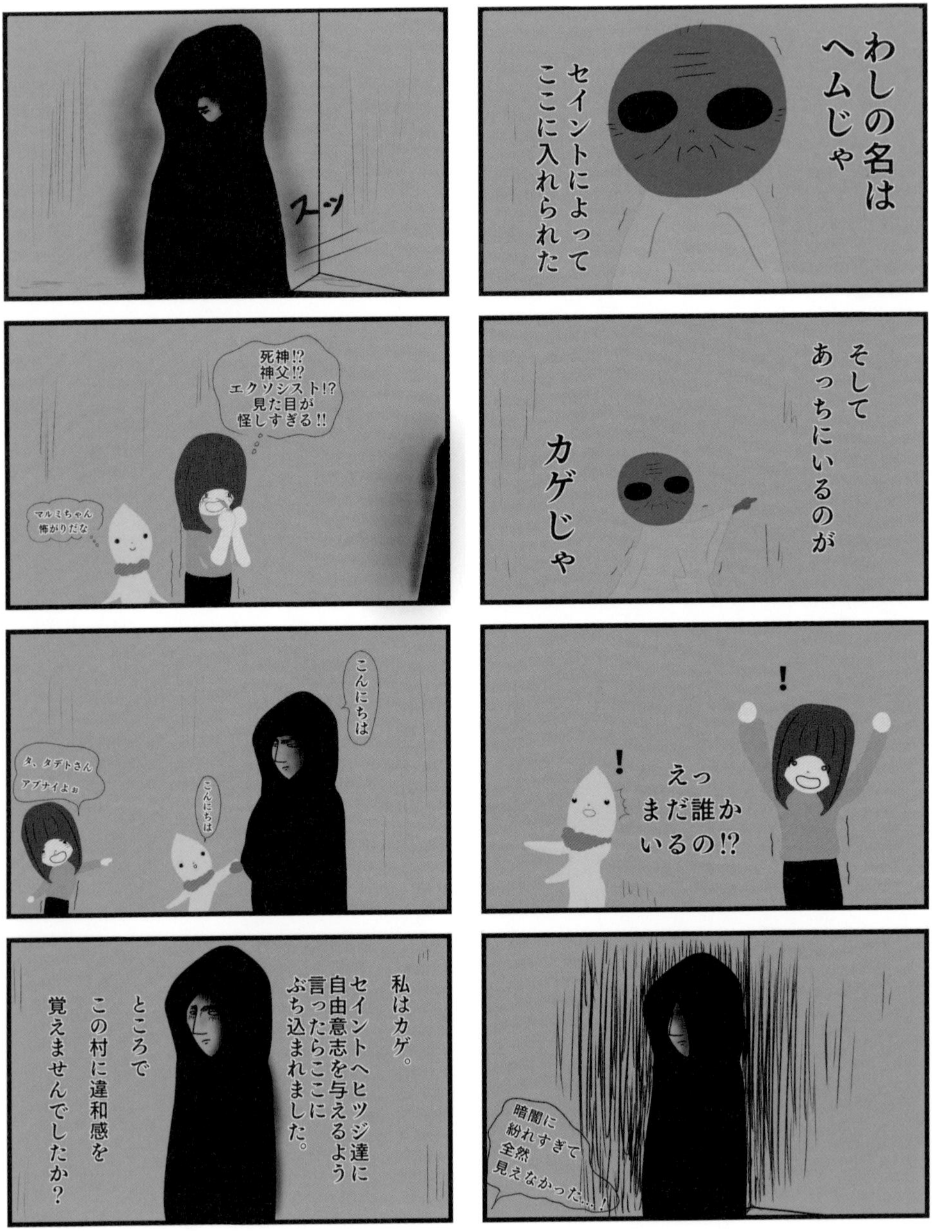
わしの名は ヘムじゃ
セイントによって ここに入れられた
スーッ
そして あっちにいるのが
カゲじゃ
死神!? 神父!? エクソシスト!? 見た目が 怪しすぎる!!
マルミちゃん 怖がりだな
!
!
えっ まだ誰かいるの!?
こんにちは
こんにちは
タ、タデトさん アブナイよぉ
暗闇に 紛れすぎて 全然 見えなかった…!
私はカゲ。セイントへヒツジ達に自由意志を与えるよう言ったらここにぶち込まれました。
ところで この村に違和感を覚えませんでしたか？

歴史から
説明するのも
面倒だな…
今は
要点だけ言おう。
ヒツジ達は騙されている
ヒツジ達は
搾取や破壊されていることに
まったく
気付いていないのです。
都合の悪いことは
美談に書き換えられ
自己を犠牲にしているなんて
疑問にすら思わないのです。
ヒツジ達は
受け身の姿勢ではなく
依存から抜け出さねば
ならないのです。
どーゆーこと？？
カゲの言う通りじゃ
ヒツジ達は
己れで考え
己れから産み出すことを
忘れてしまったのじゃ
本人達は
選んでいるつもりでも
じっさいは仕掛ける側に
選ばされているのです。
今の地球でも
似ていることが
起きています。
・・・・。
ええぇ
ポッカ〜ン

セイントはメディアを使ってヒツジ達が大切な事から目を背けるように仕向けている。ヤツはいかにも聖人ぶっているが全然違うのじゃ。
ヒツジから巻き上げたお金を別のヒツジに高金利で貸し付け問題が無い村に問題を作って色んな村にピストルや大砲を売りつけて村同士争わせて儲けとるようなヤツじゃ。
あのセイントって人頭がいいんですね。
そうじゃ。実にうまくやっとる。本当に感心するほどじゃ。しかし、頭が良いと言うよりはズル賢いのじゃな。
しかしながら「これは正しい」「これは間違っている」ということを他人に押し付けることは誰にもできません。本人達が選ばなければならないからです。
そうじゃ。カゲの言う通りじゃ。しかしセイントはやりすぎじゃ。嘘ばかり教えとる。だからワシらはヒツジをセイントから解放させようとしとるんじゃ。
物事には何でもその人にとっての良い面と悪い面があります。その両方を知ったうえで本人たちの意思で何事も選べるようにしたいんです。
なるほど～よく分かりました～。

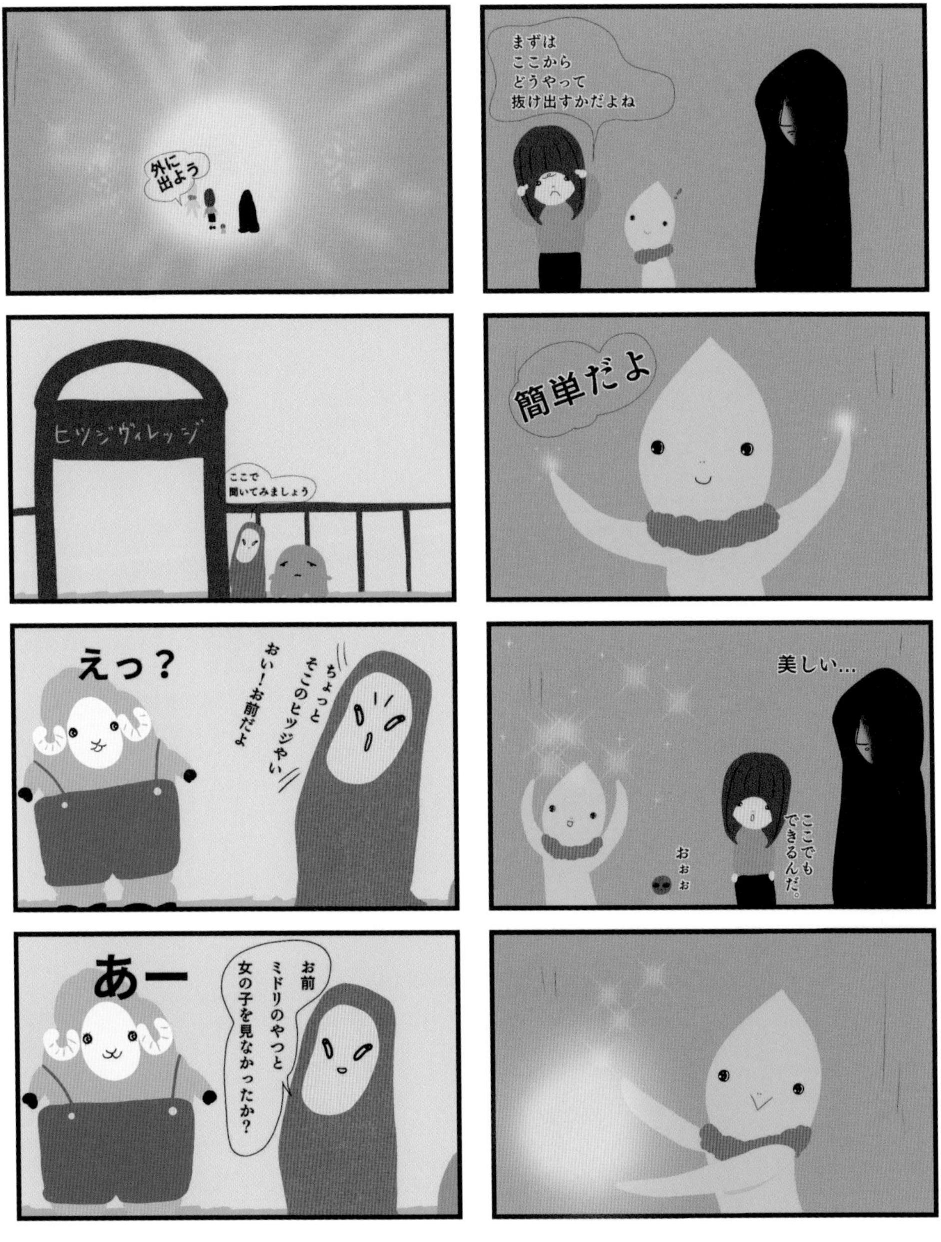
まずは
ここから
どうやって
抜け出すかだよね
簡単だよ
美しい…
ここでもできるんだ。
おぉぉ
外に出よう
ヒツジヴィレッジ
ここで聞いてみましょう
ちょっと
そこのヒツジやい
おい！お前だよ
えっ？
お前
ミドリのやつと
女の子を見なかったか？
あー

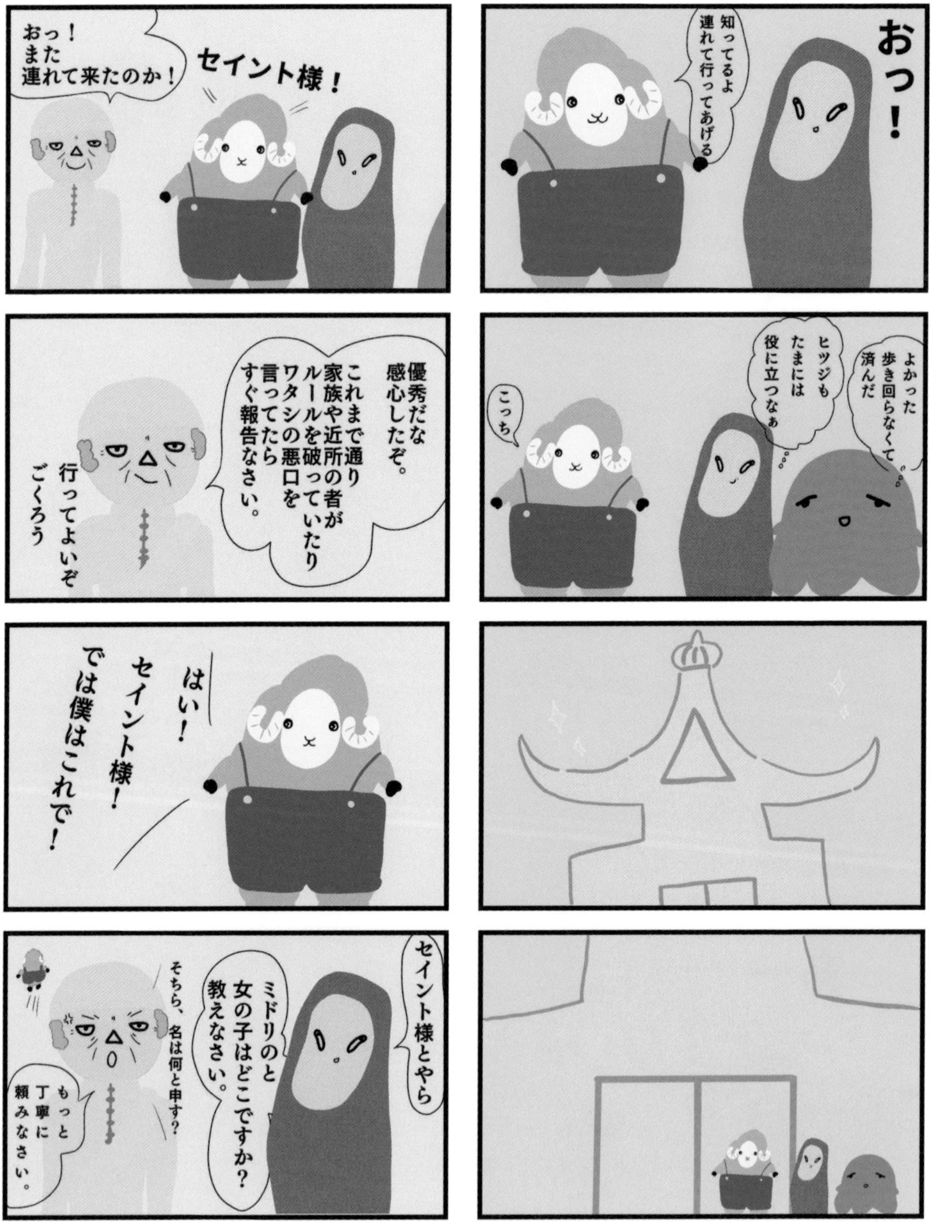
おっ！
知ってるよ
連れて行ってあげる
よかった
歩き回らなくて
済んだ
ヒツジも
たまには
役に立つなぁ
こっち
セイント様！
おっ！
また
連れて来たのか！
優秀だな
感心したぞ。
これまで通り
家族や近所の者が
ルールを破っていたり
ワタシの悪口を
言ってたら
すぐ報告なさい。
行ってよいぞ
ごくろう
はい！
セイント様！
では僕はこれで！
セイント様とやら
ミドリのと
女の子はどこですか？
教えなさい。
そちら、名は何と申す？
もっと
丁寧に
頼みなさい。

敬語で頼んでやってるじゃないか！
その態度がムカつくんだよ！
手をどけろ！
変な服着た気取った奴だ
ぐぬぬぬぬ
いかにも貧乏そうなケチくさい奴だ
む〜〜〜
わ、わたしはマイヤーズ3世。ミドリのやつと女の子を探している。
ここにいると伺ったので教えろくださいませ
教えろくださいませ〜!?
プンスカ
プンスカ
牢屋にいるよ！
お前もぶち込んでやろうか！
金貨をあげるから案内しなさい
金貨か。ぐぬぬぬ
何っ金貨だと！欲しい！
金貨を2袋あげるから案内しなさい。
ほらよっ
よ、よし。ついてくるが良い。
やった〜♪金貨♪金貨♪

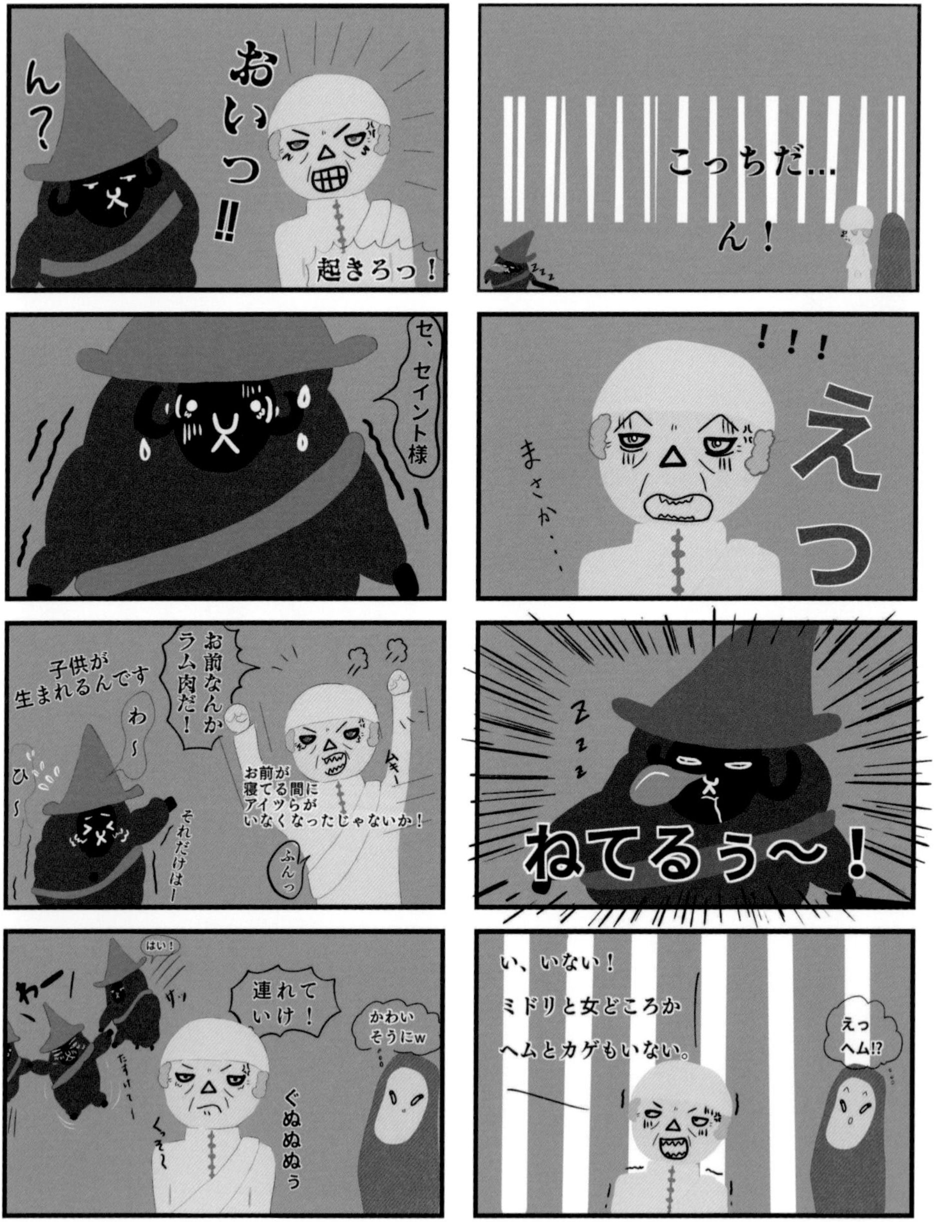

こっちだ…
ん！
ZZZ
！！！
えっ
まさか…
ZZZ
ねてるぅ～！
い、いない！
ミドリと女どころか
ヘムとカゲもいない。
えっ
ヘム!?
おいっ!!
起きろっ！
ん？
セ、セイント様
お前なんかラム肉だ！
お前が寝てる間にアイツらがいなくなったじゃないか！
ムキ～
ふんっ
子供が生まれるんです
わ～
ひ～
それだけは～
連れていけ！
はい！
わ～
たすけて～
くそ～
ぐぬぬぬぅ
かわいそうにw

逃げたんですね。
そーだよ！
案内はしたんだから
金貨はもらっておくぞ
どうせ金貨はニセモノだからいいんです。
さっきヘムって言ってました？
あぁ。ヘムがどーした？
やっと見つけた。
ニヤッ
いやべつに…
アイツらを連れ戻せ！
クッソー
命令だ！
ピッシー
イエッサー
私達はこれで…
コッソリついていきましょ
コソッ
プププしめしめ。
ヘムを探す手間が省けそうですね。
ダダダ

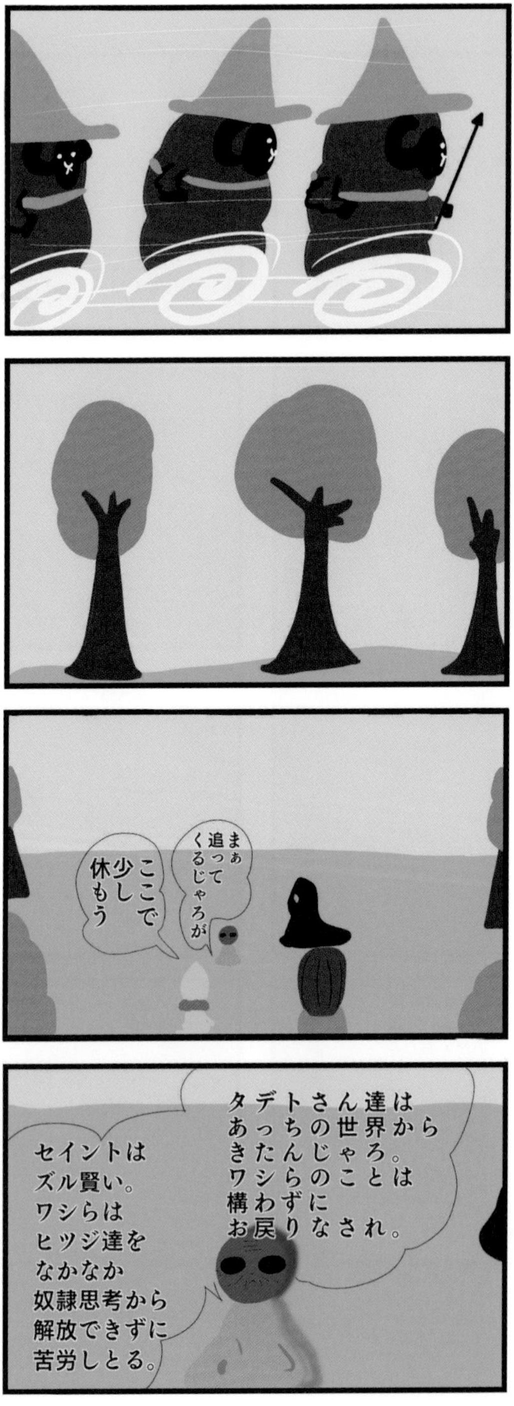
ここで
少し
休もう
まぁ
追って
くるじゃろが
セイントは
ズル賢い。
ワシらは
ヒツジ達を
なかなか
奴隷思考から
解放できずに
苦労しとる。
タデトさん達は
あっちの世界から
きたんじゃろ。
ワシらのことは
構わずに
お戻りなされ。

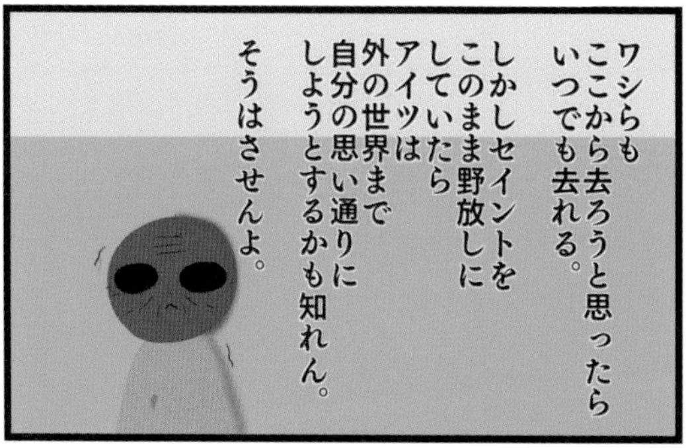
ワシらも
ここから去ろうと思ったら
いつでも去れる。
しかしセイントを
このまま野放しに
していたら
アイツは
外の世界まで
自分の思い通りに
しようとするかも知れん。
そうはさせんよ。

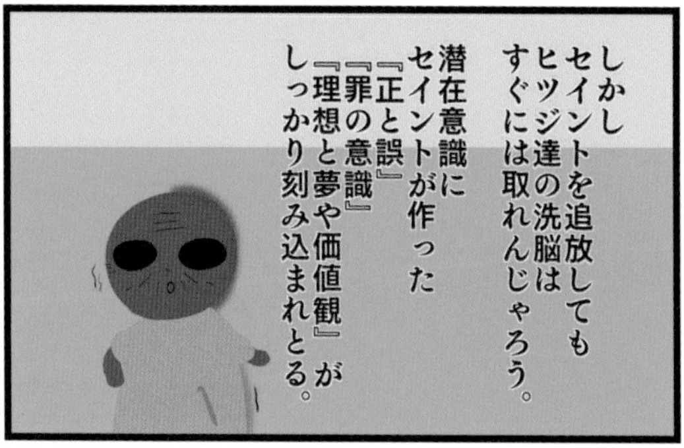
しかし
セイントを追放しても
ヒツジ達の洗脳は
すぐには取れんじゃろう。
潜在意識に
セイントが作った
『正と誤』
『罪の意識』
『理想と夢や価値観』が
しっかり刻み込まれとる。

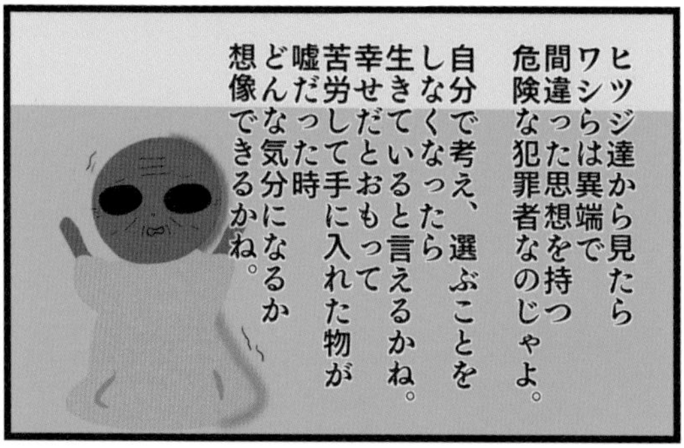
ヒツジ達から見たら
ワシらは異端で
間違った思想を持つ
危険な犯罪者なのじゃよ。
自分で考え、選ぶことを
しなくなったら
生きていると言えるかね。
幸せだとおもって
苦労して手に入れた物が
嘘だった時
どんな気分になるか
想像できるかね。

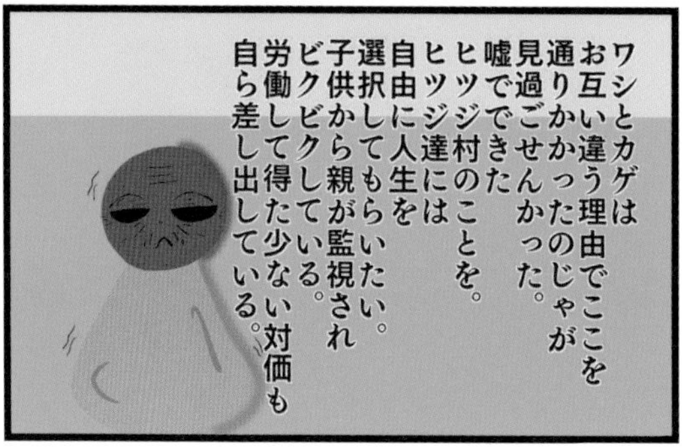
ワシとカゲは
お互い違う理由でここを
通りかかったのじゃが
見過ごせんかった。
嘘でできた
ヒツジ村のことを。
ヒツジ達には
自由に人生を
選択してもらいたい。
子供から親が監視され
ビクビクしている。
労働して得た少ない対価も
自ら差し出している。

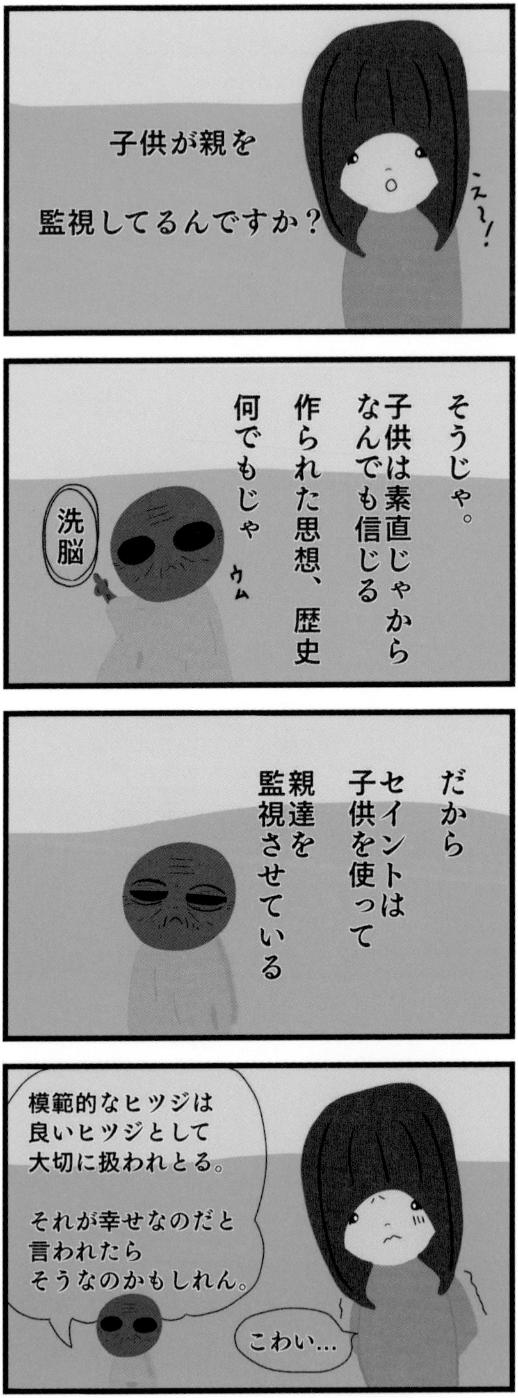
子供が親を
監視してるんですか？
そうじゃ。
子供は素直じゃから
なんでも信じる
作られた思想、歴史
何でもじゃ
洗脳
ウム
だから
セイントは
子供を使って
親達を
監視させている
模範的なヒツジは
良いヒツジとして
大切に扱われとる。
それが幸せなのだと
言われたら
そうなのかもしれん。
こわい…

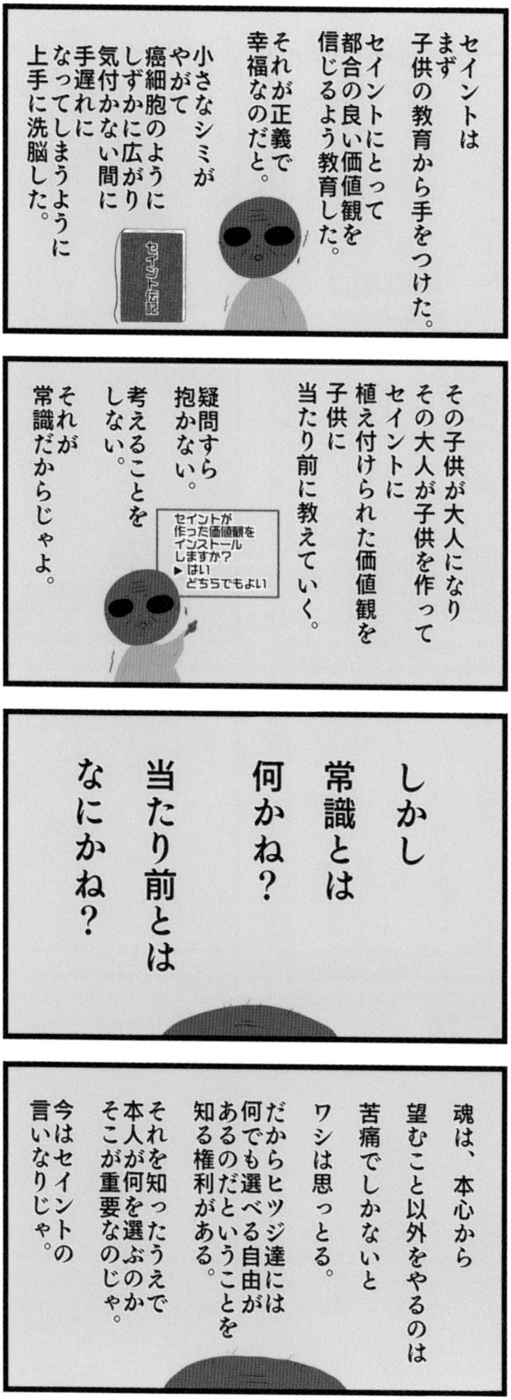
セイントは
まず
子供の教育から手をつけた。
セイントにとって
都合の良い価値観を
信じるよう教育した。
それが正義で
幸福なのだと。
小さなシミが
やがて
癌細胞のように
しずかに広がり
気付かない間に
手遅れに
なってしまうように
上手に洗脳した。
セイント伝記
その子供が大人になり
その大人が子供を作って
セイントに
植え付けられた価値観を
子供に
当たり前に教えていく。
疑問すら
抱かない。
考えることを
しない。
それが
常識だからじゃよ。
セイントが
作った価値観を
インストール
しますか？
▶はい
どちらでもよい
しかし
常識とは
何かね？
当たり前とは
なにかね？
魂は、本心から
望むこと以外をやるのは
苦痛でしかないと
ワシは思っとる。
だからヒツジ達には
何でも選べる自由が
あるのだということを
知る権利がある。
それを知ったうえで
本人が何を選ぶのか
そこが重要なのじゃ。
今はセイントの
言いなりじゃ。

まぁ
こんなこと言ってても
仕方ない
お二人は行きなさい
じきに
追っ手が
来るじゃろう。
えっ…あっ…
なんか
申し訳ないな…
モジモジ
んー…
じゃ
行きますね…
我々は
大丈夫ですよ
またね～
心配するでない
いたぞー！
来たか！
はっ！
2人を
逃さなければならん！
コクリ
むむむ
オニヲ
オニヲ
オニヲ
オニヲ
オニヲ
乗るのじゃ！
ほえ～
ほえ～
!?

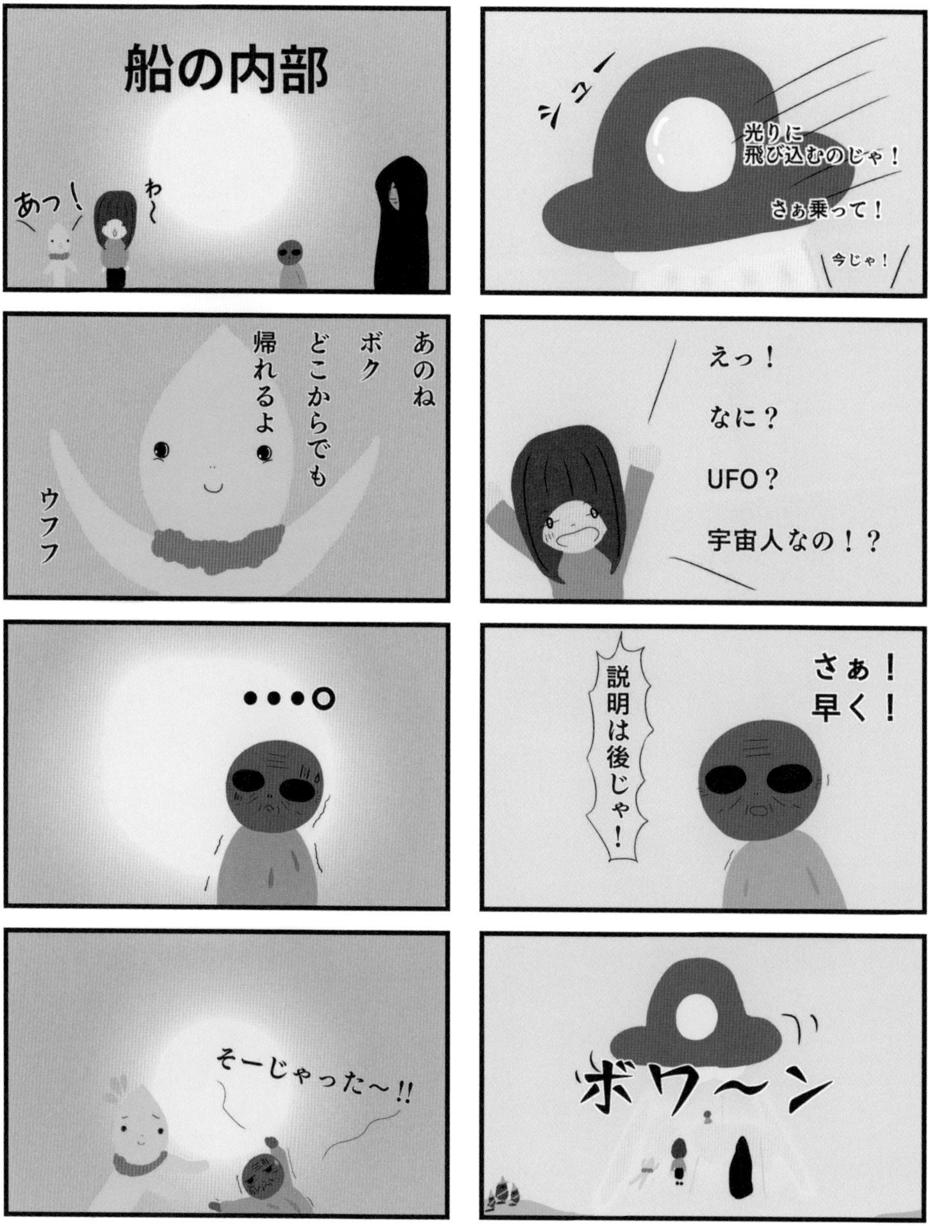
船の内部
あっ！
わ〜
あのね
ボク
どこからでも
帰れるよ
ウフフ
・・・。
そーじゃった〜!!
シュー
光りに
飛び込むのじゃ！
さぁ乗って！
今じゃ！
えっ！
なに？
UFO？
宇宙人なの！？
さぁ！
早く！
説明は後じゃ！
ボワ〜ン

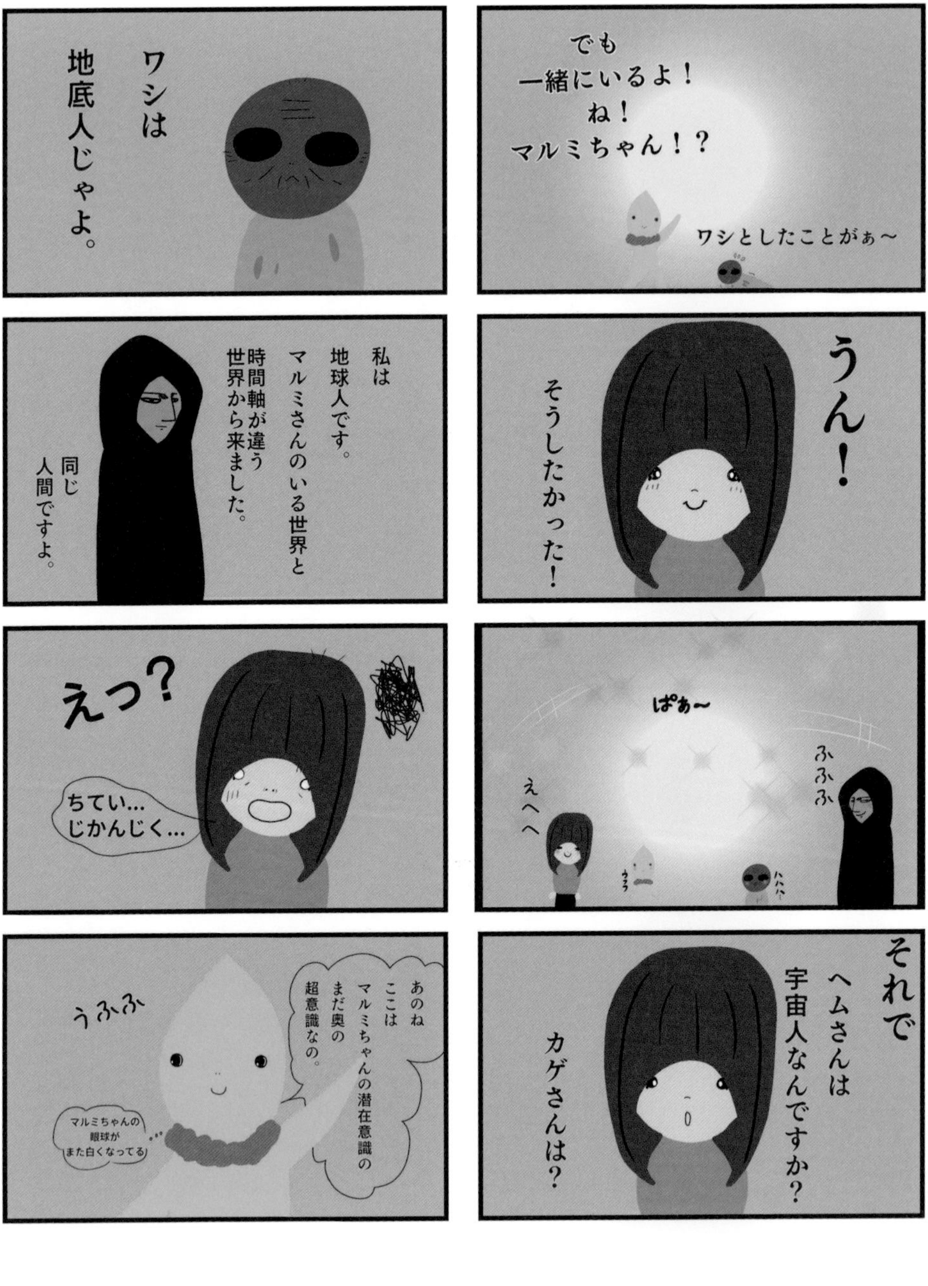
でも
一緒にいるよ!
ね!
マルミちゃん!?
ワシとしたことがぁ~
うん!
そうしたかった!
ぱぁ~
ふふふ
えへへ
うう
ハハハ
それで
ヘムさんは
宇宙人なんですか?
カゲさんは?
ワシは
地底人じゃよ。
私は
地球人です。
マルミさんのいる世界と
時間軸が違う
世界から来ました。
同じ
人間ですよ。
えっ?
ちてい…
じかんじく…
うふふ
あのね
ここは
マルミちゃんの潜在意識の
まだ奥の
超意識なの。
マルミちゃんの
眼球が
また白くなってる

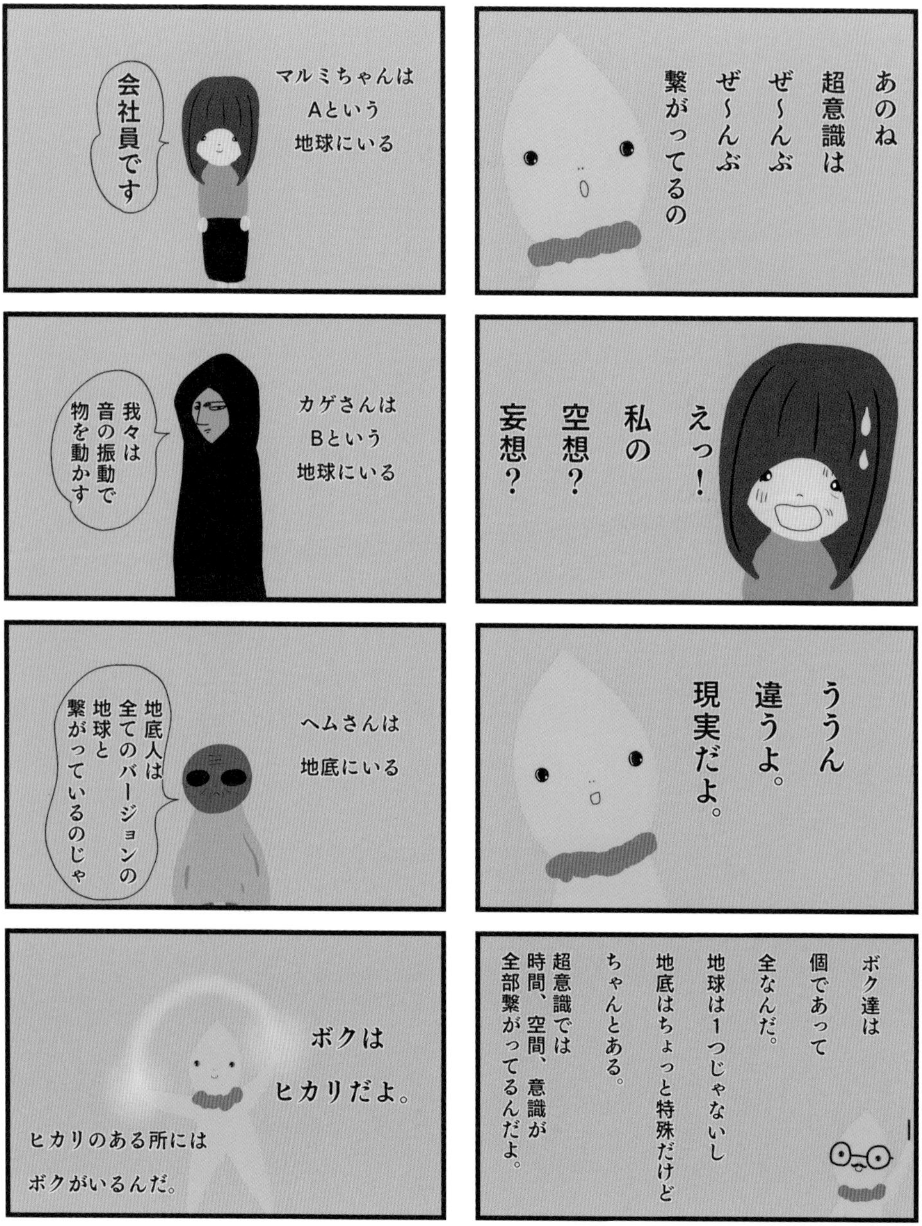
あのね
超意識は
ぜ～んぶ
ぜ～んぶ
繋がってるの
えっ！
私の
空想？
妄想？
ううん
違うよ。
現実だよ。
ボク達は
個であって
全なんだ。
地球は1つじゃないし
地底はちょっと特殊だけど
ちゃんとある。
超意識では
時間、空間、意識が
全部繋がってるんだよ。
マルミちゃんは
Aという
地球にいる
会社員です
カゲさんは
Bという
地球にいる
我々は
音の振動で
物を動かす
ヘムさんは
地底にいる
地底人は
全てのバージョンの
地球と
繋がっているのじゃ
ボクは
ヒカリだよ。
ヒカリのある所には
ボクがいるんだ。

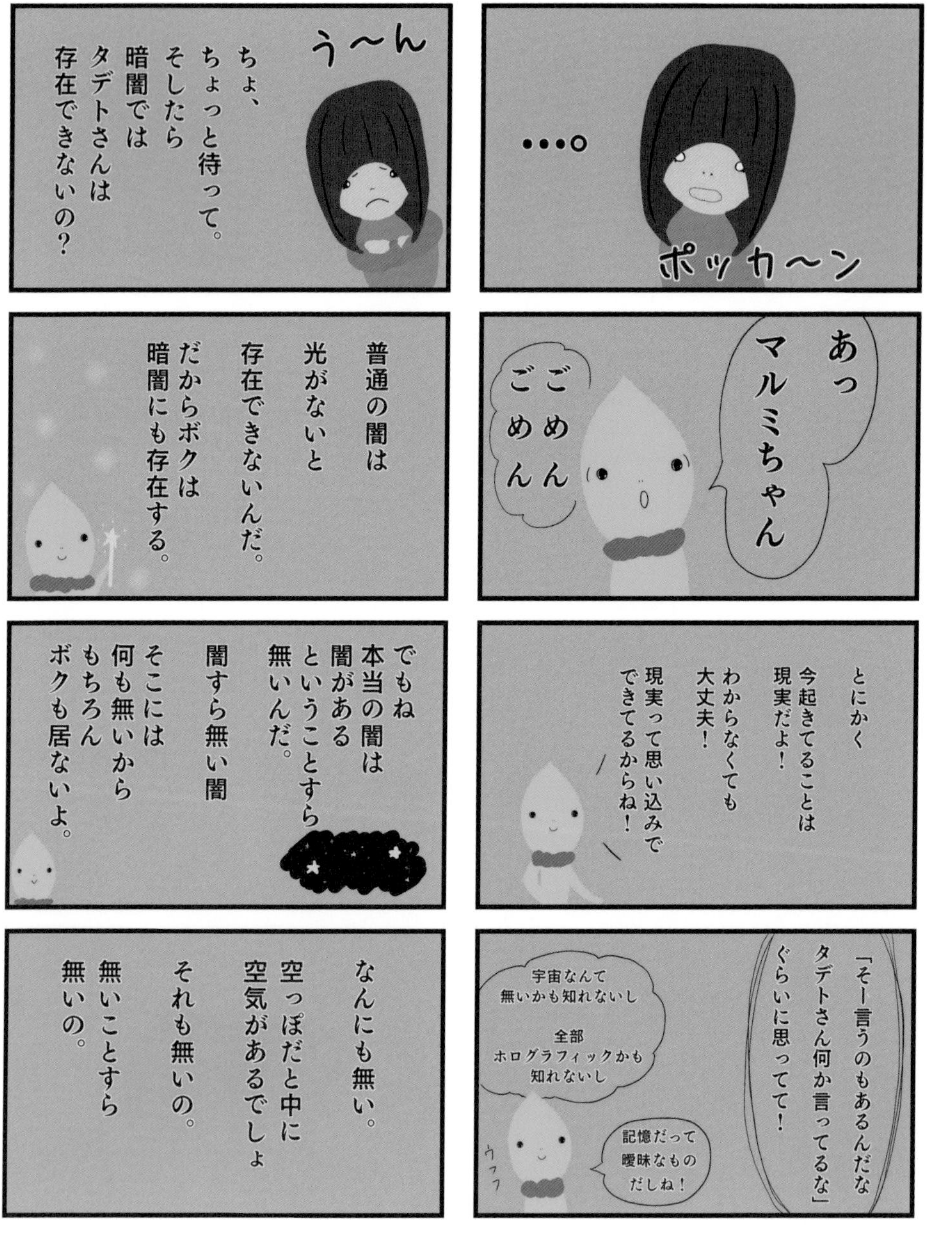
…。
ポッカ〜ン
あっ マルミちゃん
ごめん ごめん
とにかく 今起きてることは 現実だよ! わからなくても 大丈夫! 現実って思い込みで できてるからね!
「そー言うのもあるんだな タデトさん何か言ってるな」 ぐらいに思ってて!
宇宙なんて 無いかも知れないし 全部 ホログラフィックかも 知れないし
記憶だって 曖昧なもの だしね!
ウフフ
う〜ん
ちょ、 ちょっと待って。 そしたら 暗闇では タデトさんは 存在できないの?
普通の闇は 光がないと 存在できないんだ。 だからボクは 暗闇にも存在する。
でもね 本当の闇は 闇がある ということすら 無いんだ。
闇すら無い闇
そこには 何も無いから もちろん ボクも居ないよ。
なんにも無い。
空っぽだと中に 空気があるでしょ
それも無いの。
無いことすら 無いの。

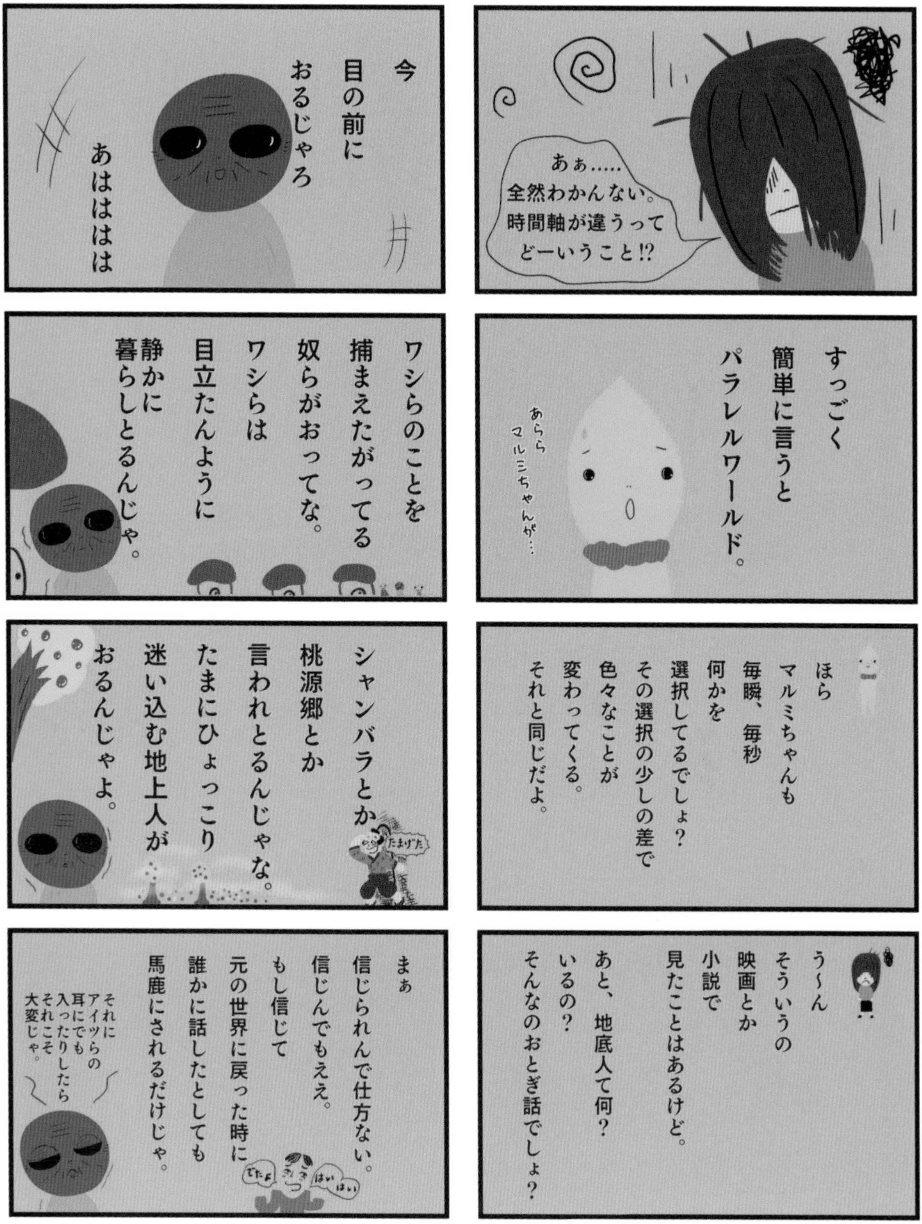
あぁ.....
全然わかんない。
時間軸が違うって
どーいうこと!?
すっごく
簡単に言うと
パラレルワールド。
あらら
マルミちゃんが…
ほら
マルミちゃんも
毎瞬、毎秒
何かを
選択してるでしょ?
その選択の少しの差で
色々なことが
変わってくる。
それと同じだよ。
う～ん
そういうの
映画とか
小説で
見たことはあるけど。
あと、地底人て何?
いるの?
そんなのおとぎ話でしょ?
今
目の前に
おるじゃろ
あはははは
ワシらのことを
捕まえたがってる
奴らがおってな。
ワシらは
目立たんように
静かに
暮らしとるんじゃ。
シャンバラとか
桃源郷とか
言われとるんじゃな。
たまにひょっこり
迷い込む地上人が
おるんじゃよ。
たまげた
まぁ
信じられんで仕方ない。
信じんでもええ。
もし信じて
元の世界に戻った時に
誰かに話したとしても
馬鹿にされるだけじゃ。
それに
アイツらの
耳にでも
入ったりしたら
それこそ
大変じゃ。

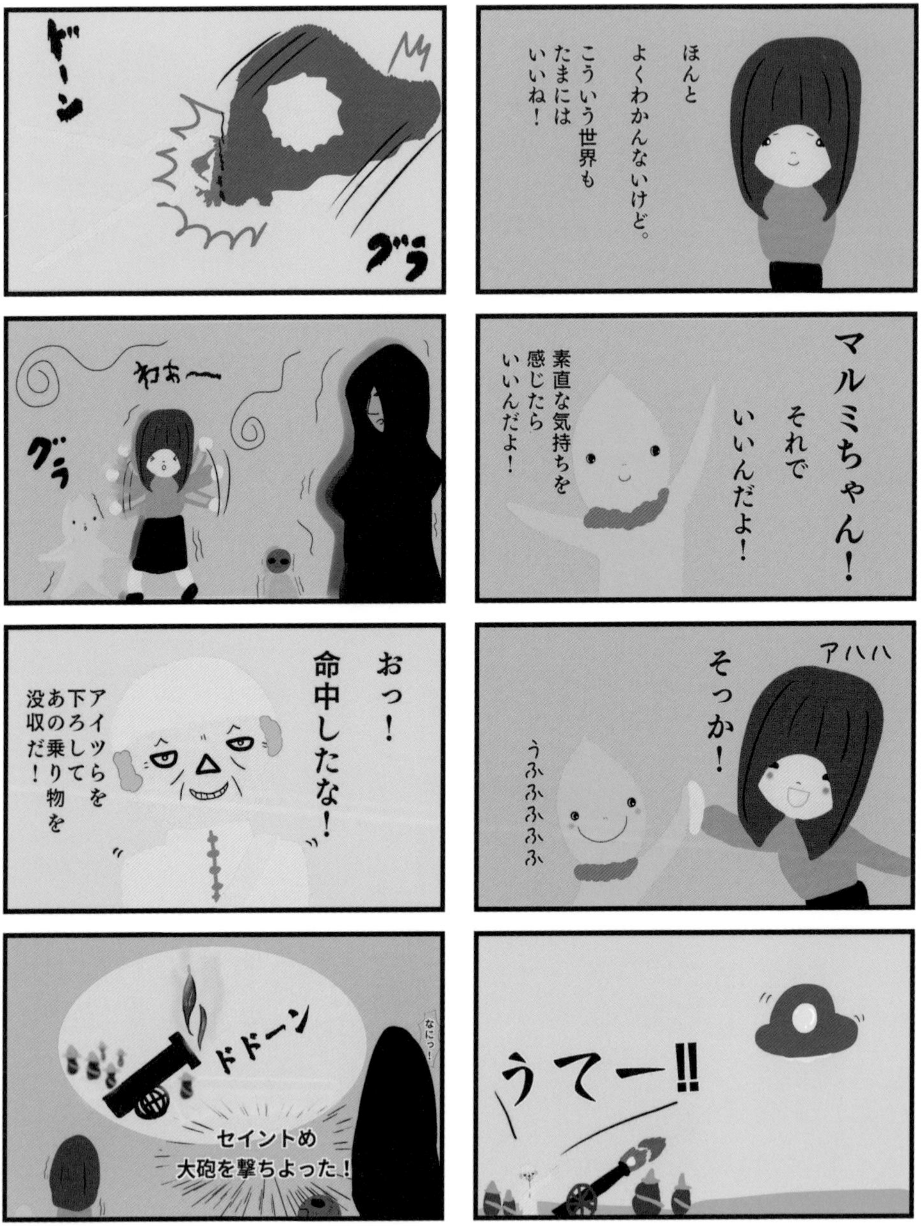
ほんと
よくわかんないけど。
こういう世界も
たまには
いいね！
マルミちゃん！
それで
いいんだよ！
素直な気持ちを
感じたら
いいんだよ！
アハハ
そっか！
うふふふふふ
うてー!!
ドーン
グラ
わあ〜〜
グラ
おっ！
命中したな！
アイツらを
下ろして
あの乗り物を
没収だ！
ドドーン
なにっ！
セイントめ
大砲を撃ちよった！

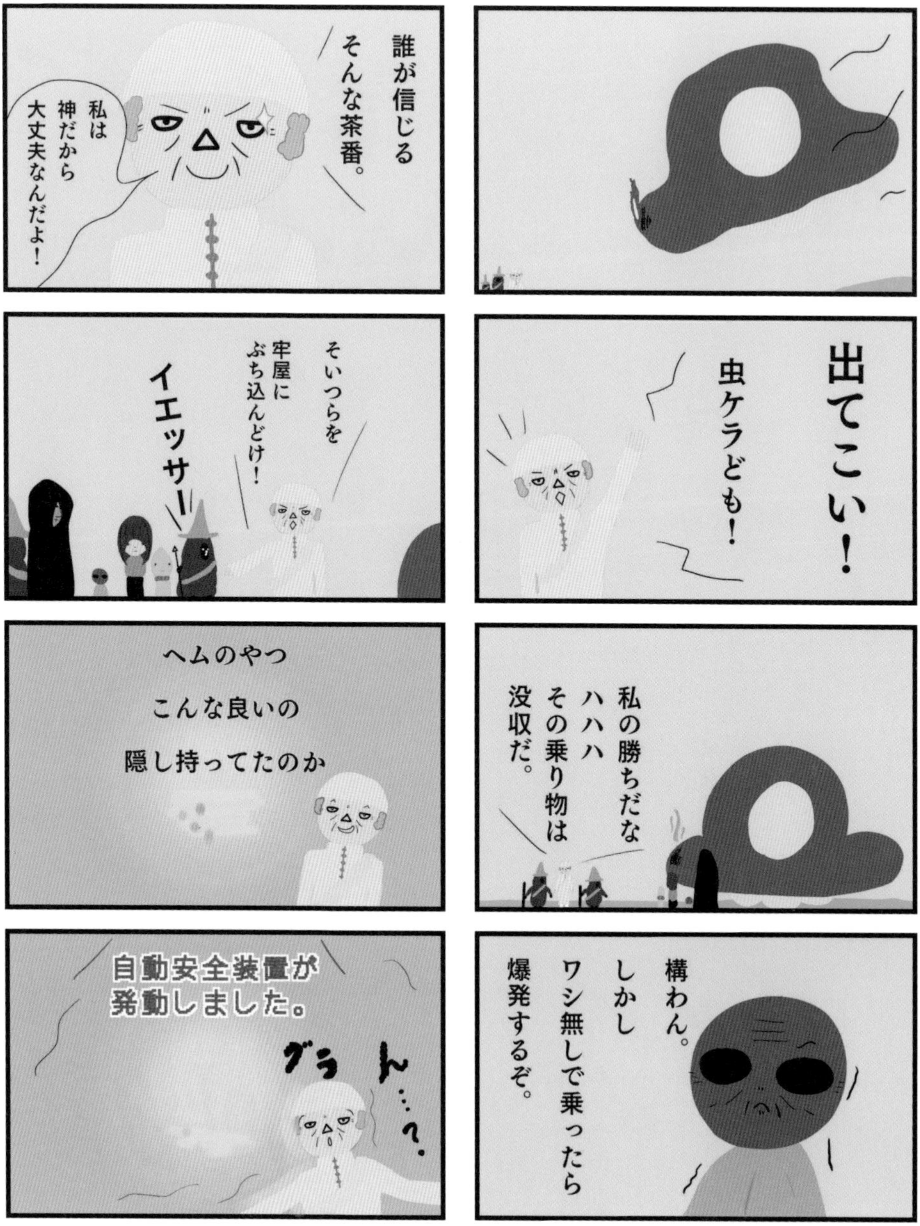
出てこい！
虫ケラども！
そいつらを
牢屋に
ぶち込んどけ！
イエッサー
私の勝ちだな
ハハハ
その乗り物は
没収だ。
構わん。
しかし
ワシ無しで乗ったら
爆発するぞ。
誰が信じる
そんな茶番。
私は
神だから
大丈夫なんだよ！
ヘムのやつ
こんな良いの
隠し持ってたのか
自動安全装置が
発動しました。
グラん…？

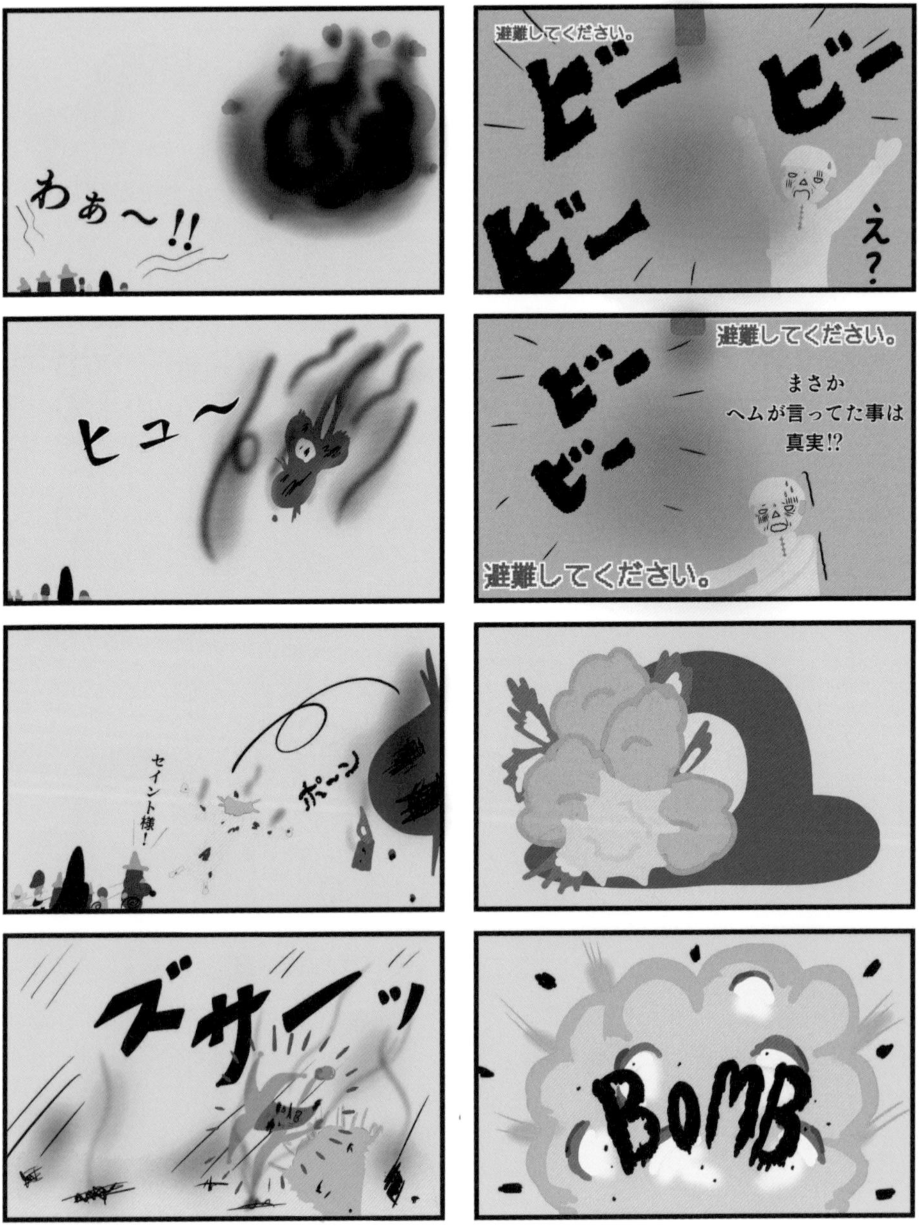
避難してください。
ビー
ビー
ビー
え？
避難してください。
ビー
ビー
まさか
ヘムが言ってた事は
真実!?
避難してください。
BOMB
わぁ〜!!
ヒュ〜
セイント様！
ポ〜ン
ズサーッ

たすけて～
心を入れ替えます。すみませんでした。今までどうかしてました～
助けてやる。しかしもう独裁するのはやめるのじゃぞ！
分かりました。そうします。兵士たちよ私はもう引退する。これからヘムの言うことを聞きなさい。
～ホホ…
さぁもう自由じゃぞ
…。
コソコソ
コソコソ
急に自由と言われてもどうしていいか分からないです。
急な変化は時に恐怖心を煽りますね。
長いこと支配されとったからな。仕方ないことじゃ。
今日は帰って家族や友人とゆっくり過ごしなさい。
はい。それならできそうです。

しかしこれまで私たちはセイント様を崇めてきました。
これからはどうやって生きていったらいいのか分かりません。
昔の風習を見直してみるのも良かろう。
村の外れの不気味の沼に長老が住んでおる。
長老に聞けば智慧を与えてくれるじゃろう。
不気味の沼は人を寄せつけないために付けられた名前で本当は美しい湖じゃて安心して大丈夫じゃ。
封印された昔の智慧…
本当の悪とは何か…
法衣を着た悪魔もおれば悪魔だとおとしめられた神もおる。
それに惑わされず陰陽でとらえることはなかなか難しいもんじゃな。
少しずつ自分達の力で村を再建して新しい村を作るのじゃ
はい！

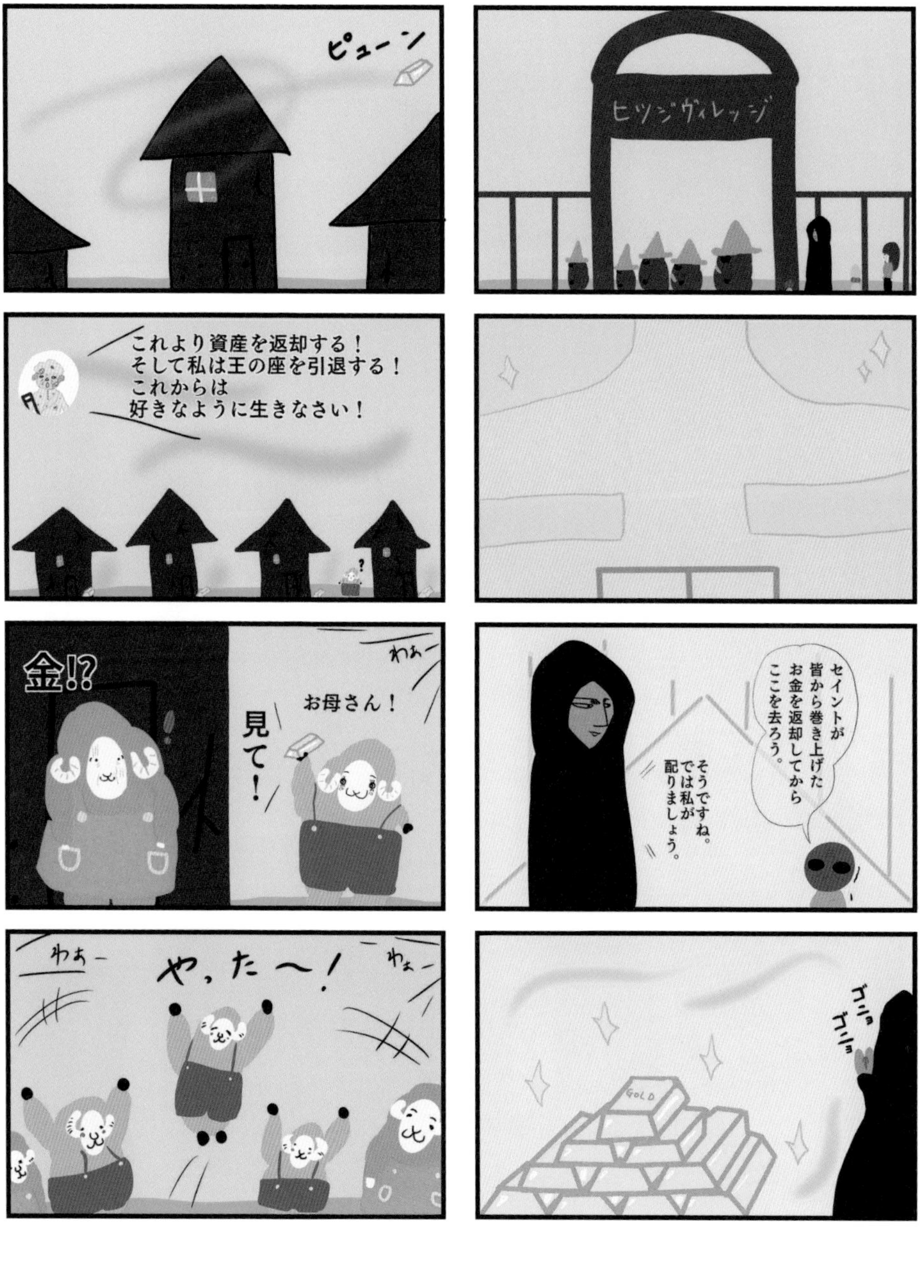

ピューン
ヒツジヴィレッジ
これより資産を返却する！
そして私は王の座を引退する！
これからは
好きなように生きなさい！
金!?
わぁー
お母さん！
見て！
セイントが皆から巻き上げたお金を返却してからここを去ろう。
そうですね。では私が配りましょう。
わぁー
やったー！
わぁー
GOLD
ゴニョゴニョ

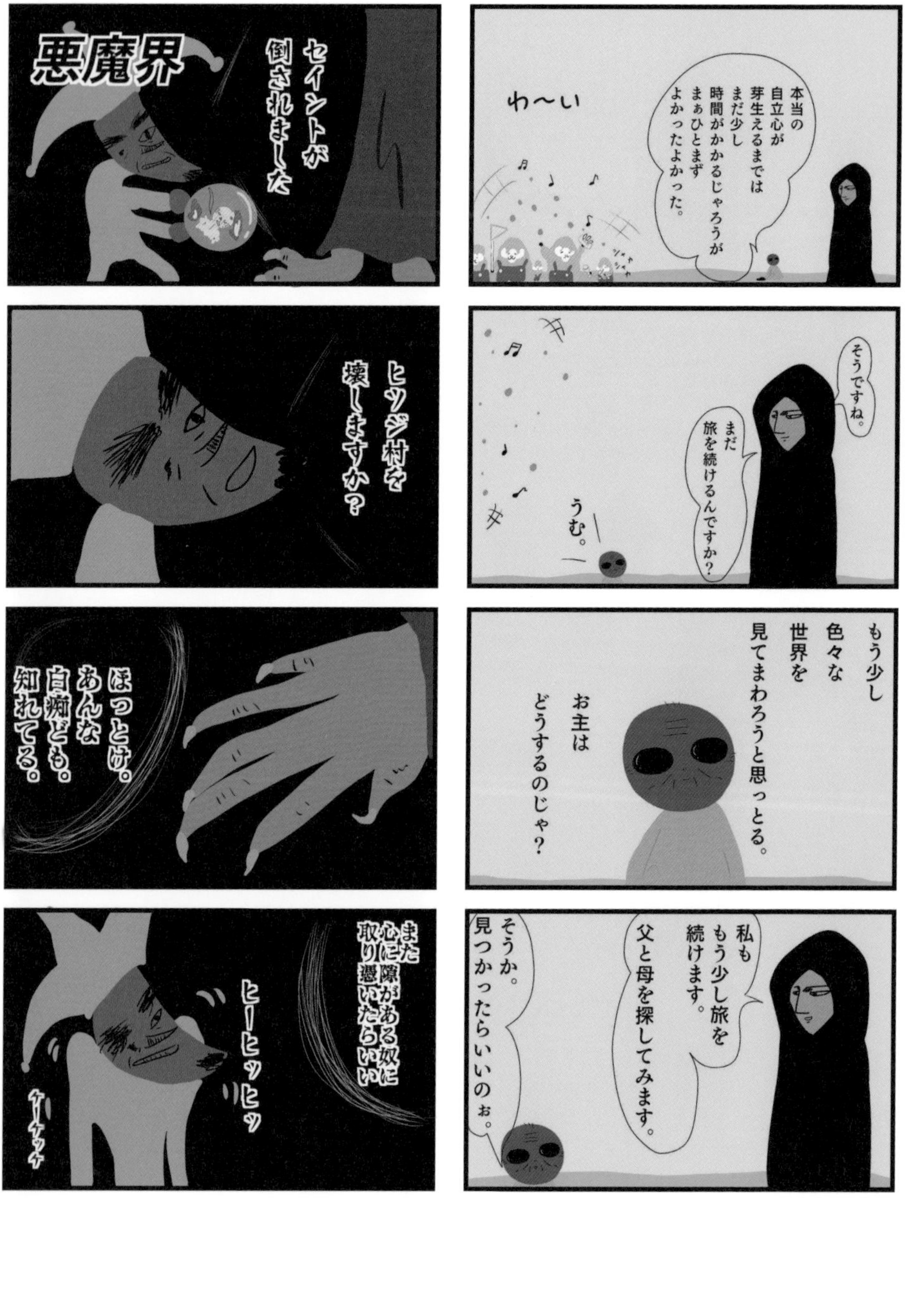
本当の自立心が芽生えるまではまだ少し時間がかかるじゃろうがまぁひとまずよかったよかった。
わ〜い
そうですね。
まだ旅を続けるんですか？
うむ。
もう少し色々な世界を見てまわろうと思っとる。
お主はどうするのじゃ？
私ももう少し旅を続けます。
父と母を探してみます。
そうか。見つかったらいいのぉ。
悪魔界
セイントが倒されました
ヒツジ村を壊しますか？
ほっとけ。あんな白痴ども。知れてる。
また心に隙がある奴に取り憑いたらいい
ヒーヒッヒッ
ケーケッケ

赤い屋根の家の話

　ここまでタデトさんを読み進めてくださった読者の皆様、ありがとうございます。お待たせいたしました。作者のコラムの時間です。今回は山で道に迷った時のお話です。
　17歳の頃でした。私は夏休みを利用して登山客が300人くらい宿泊できる山小屋で布団の上げ下げやお食事の用意をするアルバイトを友達と一緒にしていました。携帯の電波はもちろん入らないし、電気は発電機で発電。テレビなんぞも無い山奥です。今はもう、その山小屋は閉鎖されているようですが、私がバイトしていた頃はたくさんの登山客が宿泊され、週末になると50人くらいは泊まられていたんじゃないかな？　と記憶しています。先に山小屋でアルバイトをしていた友達が「とても景色が良いからおいでよ」と私を山へ誘ってくれました。母親の心配もよそに私は山へ向かいます。頂上付近までは会社の方が車で送ってくれました。途中、ウリ坊がいて可愛かったです。頂上付近まで着いたら友達が迎えにきてくれていました。山小屋は谷の方にあるので、そこから2人で林道を通って下っていくことに。友達はとてもしっかり者でしたが、数日前に起きた台風のせいで道が変わっていると言っていました。どうやら木の場所で道を覚えていたようです。
　私たちはぐんぐん山小屋に向かって降りていってるつもりでしたが、友達は進むにつれ、普段はよく話すのにだんだん口数が減ってきました。そして、雨がポツリポツリと降ってきて、辺りは薄暗くなってきました。そして友達は言いにくそうに言いました。「もう、とっくの昔に着いていないといけないくらい歩いてる……迷ったみたい」と。そして「ここには熊も猿もカモシカもいて危ない」と。とにかく、見晴らしが良いところに出て、今どの辺りにいるのか把握しようという話になり、私たちはウロウロしだしました。

そして、何故か崖のような急な斜面をくだりだし、運動音痴の私は滑り落ちて目の前にある木につかまったら、その木が腐っていてそのままズズズーと転がってしまいました。転がった時に岩もガサガサ〜と落石し運悪く友達に直撃し「ちょっと！気をつけてよ！」と叱られましたが奇跡的に2人とも無傷でした。下を覗くと大きな河がほそ〜く見えたので、よほど高い場所にいるのだということが分かりゾッとしました。私はその時「死んだんだ」と思いました。そして、いまだに「私はあの時死んでいて、今も生きてると思ってるだけで実は死んでるんじゃないか？」と考えてしまうこともあるほどです。生きてますけどね。

さて、私たちはどんどん暗くなっていく山の中で小さく体育座りをしていました。そして信じられないことに、山を舐めきっていた私たちは恐ろしい程に軽装でした。そのためか身体にはヒルが何匹かくっついていましたが、そんなこと正直どうでも良かったです。「ヒルもこうやって私の身体にへばり付きながら一生懸命生きてるんだ」なんてことは思ってませんでしたが、とにかく「何とかしなければ！」という思いでした。体育座りをしながら「2人でこれからどうしようか？」と話していました。救急隊が来るまで動かない方がいいのかどうか……。「助けてもらったら高そうだね」「ヘリコプター代とか払えないね」などと話すしかありませんでした。
その時、ふと崖の上を振り返ると赤い屋根の家が見えました。私は「あそこに赤い屋根の家がある！」と小さく叫びました。友達も後ろを見上げて「ほんとだ！赤い屋根の家がある！」と喜びの声をあげました。2人とも一気に元気になり、「あの家まで行って助けてもらおう！」「もし誰もいなかったら1泊だけさせてもらおう！」と急斜面をよじ登ってどんどん赤い屋根の方へむかって進んで行きました。そして、この辺に赤い屋根の家があるはずだというところまで辿り着きました。
しかし、赤い屋根の家は見つかりませんでした。
そこには、大きな大きな岩がドーンと静かに佇んでいただけでした。2人はまた力が抜けてヘナヘナとなりました。すると、友達が「あっ‼声がする‼」と叫びました。私には聞こえなかったのですが遠くで「お〜い！」と言ってるのが聞こえたようでした。そこから2人で「お〜い！お〜い！」と声を出し続け、あまりに到着の遅い我々を探しに来てくださった山小屋の従業員の方に助けられたのです。
その方に、「何でこの場所まで辿り着けたのか？」と聞かれたので、私達は赤い屋根の家のことを話しました。しかし、その方は、「この山にそんなものはない」と仰《おっしゃ》いました。私達が「山の精霊に助けられたんだ！」と言うと、「何を言ってるんだ！しっかりしろ！」と少し怒られましたが、後日、実はこの山には昔から道に迷った人が不思議な天女に助けられた話や、洞窟で迷った親子が知らない舟についていって助かった話が残ってると教えてくださいました。でもその方は山の恐ろしさを知っている方なので、そういうふわっとした話は信じないと仰っていました。それもごもっともだと思いました。

今でも、その時一緒にいた友達と久しぶりに会った時は、必ず「あの赤い屋根の家は不思議だったね」と話をします。

タデトさんの中に出てくる木の妖精は私が山小屋でバイトしていた時に感じた木の霊気のようなものを表現しています。確かに木には精霊が住んでいるような……宿っているような……確信めいたものがこの頃芽生えました。

その後、私はその山小屋でまたまた不思議な体験をすることになるのですが、それは次のコラムでお話させていただきます。

—3—

赤イナゴ

ヒツジ村を解放し安心しているのも束の間。
次はヘムを狙う赤イナゴが現れる。
赤イナゴはオーシャンに
ヘムを捕まえて来るよう命令するが・・・

じゃ
私たちも
行きますね！
そうだね！
お元気で
気をつけて
帰るのじゃぞ
いてる
いてる
いくで
やすよ！
サヨナラ~
おい
ウスノロ
ヘムが1人になったら
捕まえてきなさい！
えっ！
嫌だ
もう
つかれたでやす。
ダブ
ダブ
いやだなぁ
こわいなぁ
でも
断ったら怒られるし
失敗しても怒られるし
うまくいっても
怒られるんだ。
めっちゃ
痛いでやす
ダブ
ダブ
ザッ！

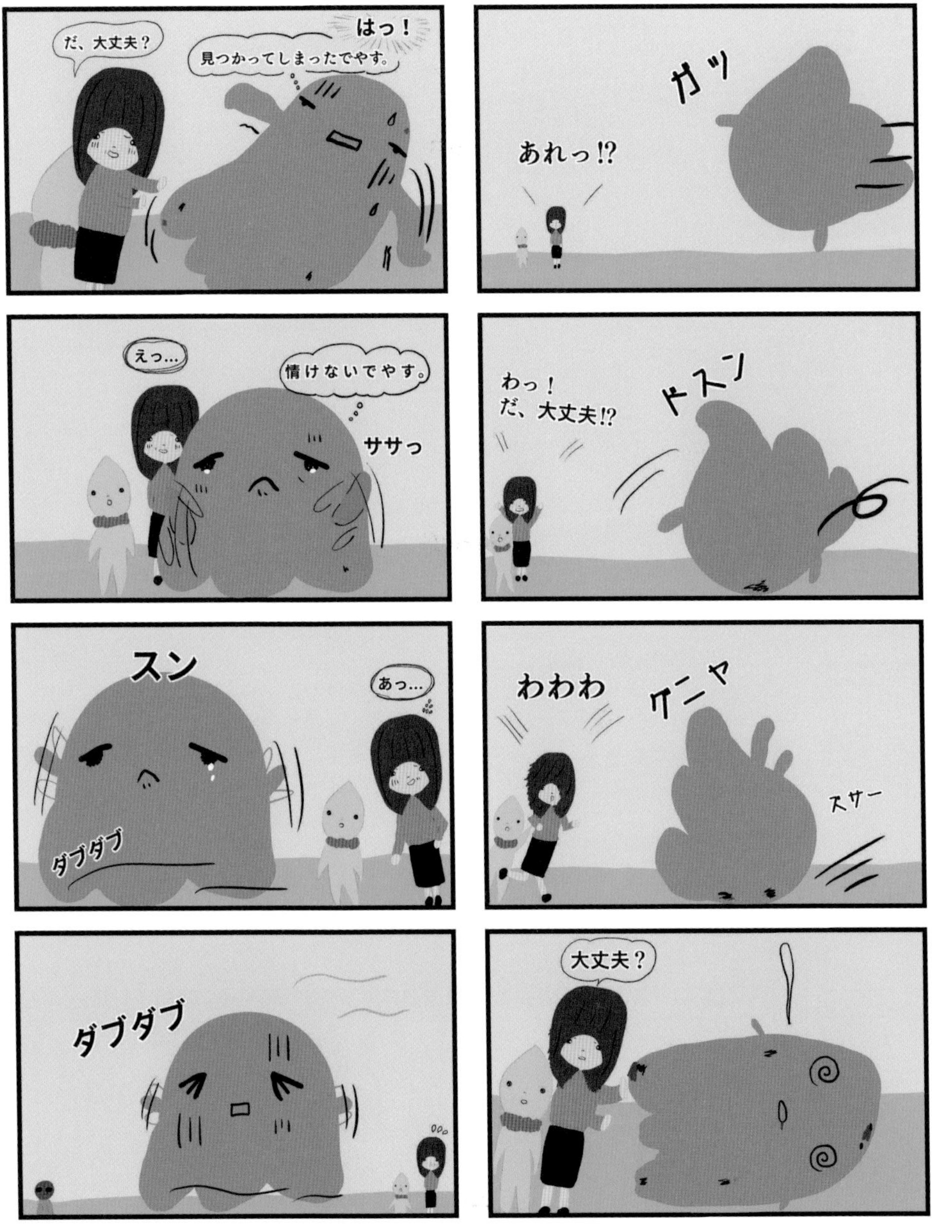
だ、大丈夫？
はっ！
見つかってしまったでやす。
えっ…
情けないでやす。
ササっ
スン
あっ…
ダブダブ
ダブダブ
ガツ
あれっ!?
ドスン
わっ！
だ、大丈夫!?
わわわ
グニャ
スサー
大丈夫？

ダブダブ
つ、捕まえにきたでやす
ゼィ
ゼィ
珍しいな。ポセイドンの子孫が陸にいるなんて。
ぽせ?
ぽせい?
あー！そんなことどーでもいいでやす！
捕まえにきたでやす！
なぜワシを捕まえにきたんじゃ？
ダンナ様に渡すんでやす！
はて ダンナ様？ その ダンナ様とやらはどこじゃ？

あそこにいるでやす。
ウスノロのやつ一体何をやってるんだ！
イライラ
じ～っ
ん!?
あれは…
赤イナゴ！
ブツブツ
ダンナ様はそんな名前じゃないでやす！
とにかく一緒に行くでやすよ！
まぁ良い。さぁ連れて行くが良い。
遅くなったから怒られるでやす。
あっ！ヘムさんが！
ホントだね。
2人に見られていることにまったく気付いていない。
ワシは大丈夫じゃ

何をモタモタしてたんだ！
すいやせん
やっぱり怒られた…
ガガ
タデトさん…ヘムさん大丈夫って言ってたけど心配だから様子を見に行ってもいい？
うん。そうしよう。
あっ
赤イナゴ！
ピョン
その名前で呼ぶな！
ヘム！やっと見つけたぞっ！

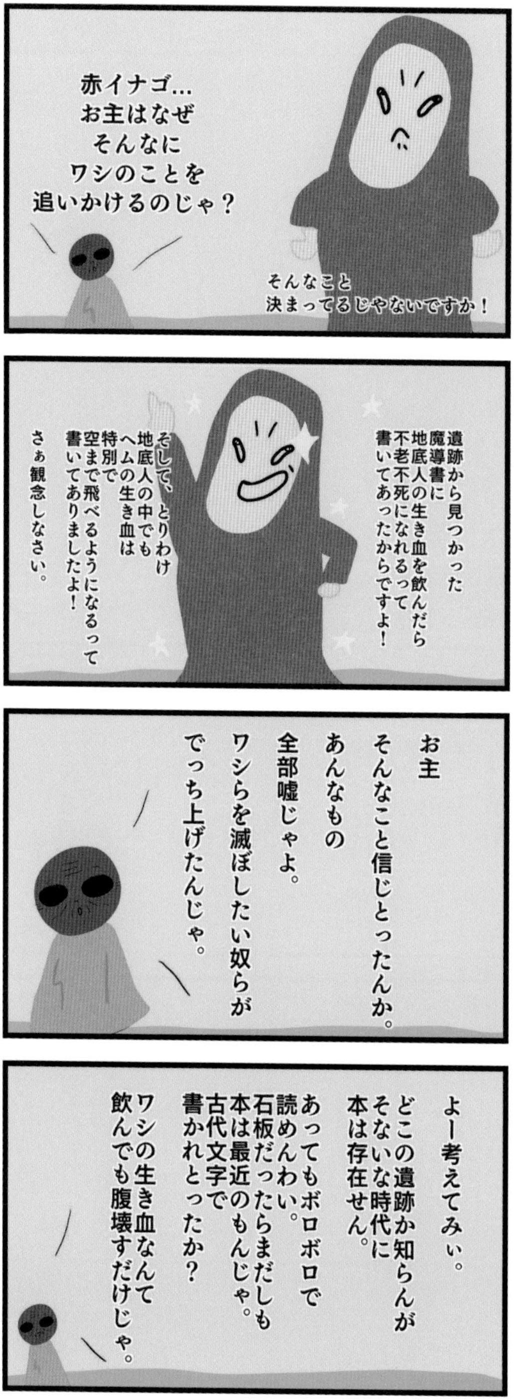
赤イナゴ…
お主はなぜ
そんなに
ワシのことを
追いかけるのじゃ？
そんなこと
決まってるじゃないですか！
遺跡から見つかった
魔導書に
地底人の生き血を飲んだら
不老不死になれるって
書いてあったからですよ！
そして、とりわけ
地底人の中でも
ヘムの生き血は
特別で
空まで飛べるようになるって
書いてありましたよ！
さぁ観念しなさい。
お主
そんなこと信じとったんか。
あんなもの
全部嘘じゃよ。
ワシらを滅ぼしたい奴らが
でっち上げたんじゃ。
よー考えてみぃ。
どこの遺跡か知らんが
そないな時代に
本は存在せん。
あってもボロボロで
読めんわい。
石板だったらまだしも
本は最近のもんじゃ。
古代文字で
書かれとったか？
ワシの生き血なんて
飲んでも腹壊すだけじゃ。

確かに怪しかったかも…
半額で売ってやるよ
そんなこと信じませんよ。
そもそも不老不死を手に入れてどーしたいのじゃ？
そんなこと決まってるじゃないですか！不老不死を手に入れたら世界を自分の物にするんです。エネルギー産業を牛耳って何でもかんでもから使用料を取って一生遊んで暮らすんです。
それに会社をやるんです。夢が叶うと言って人材を集めてただ同然の賃金で一年中働かせるんです。
それから健康な人間に毒の入ったお菓子を安く売って毒で病気が出てきた頃に飲ませる薬も作っておいてそれを高額で売って助けてあげると言って儲けるんですよ！
なかなかのプランじゃな。しかしそんなことして何になる？何がお主の目的なんじゃ？
赤イナゴ、、、泣いとるのか⁉

泣いてないです！
私は幸せになりたいんですよ。だから不老不死を手に入れたいんです。
さぁヘム！覚悟しなさい！
不老不死を手に入れたかて幸せになれるとは限らんぞ。お金だってそうじゃ。
さっきお主が言っていたプランじゃがお主がやられたことなんじゃないのか？
くっそーなんで分かったんだよー！
そうだよ。でも私のことじゃない！支払いに追われて働き詰めで病気になって死んでいったのは私の家族だよ！私は世の中に復讐するんだ！
そうじゃったのか。辛かったんじゃな。
しかし復讐したかて幸せはやってこんよ。
お主が自ら選べば一瞬で幸せになれるのじゃがな。

やめて！
あっ…
私が世界で1番嫌いな人間の女の子だ
もういいです！
そのまま喰ってやる！
あれ？もしかして…あのバケモノ！？全然違うじゃないですか。
やれやれ
ほえ～
ヘムさんを返しなさいよ！
キッ
こ、こわい。
ドキドキ
ポト
わぁ！大変！
助けに来てくれたのか。ありがとう。ワシは大丈夫じゃ。こやつは赤イナゴ。マイヤーズ3世と名乗っとる。
待って～!!
あっ
ダッ

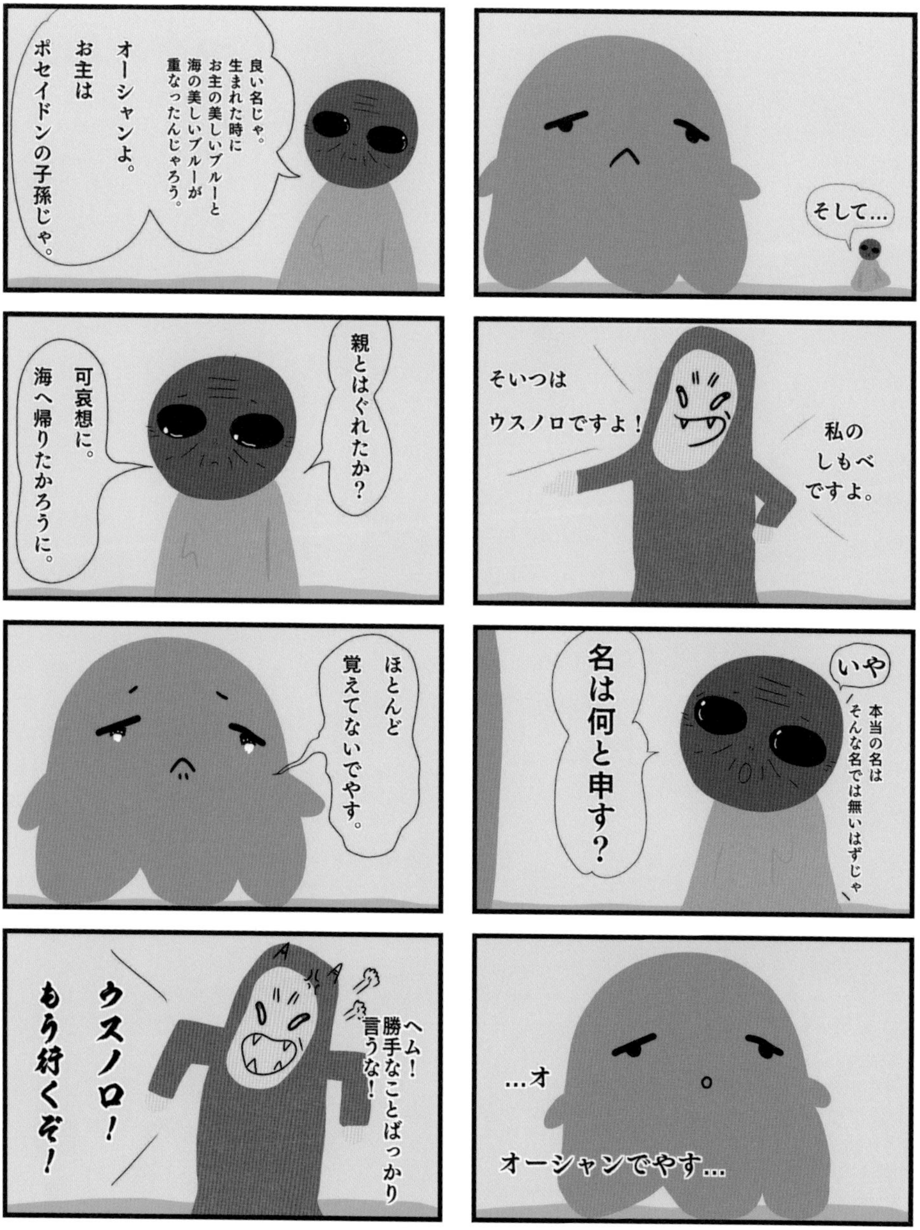
そして…
私のしもべですよ。
そいつはウスノロですよ！
いや
本当の名はそんな名では無いはずじゃ
名は何と申す？
…オ
オーシャンでやす…
良い名じゃ。生まれた時にお主の美しいブルーと海の美しいブルーが重なったんじゃろう。
オーシャンよ。
お主はポセイドンの子孫じゃ。
親とはぐれたか？
可哀想に。海へ帰りたかろうに。
ほとんど覚えてないでやす。
ヘム！勝手なことばっかり言うな！
ウスノロ！もう行くぞ！

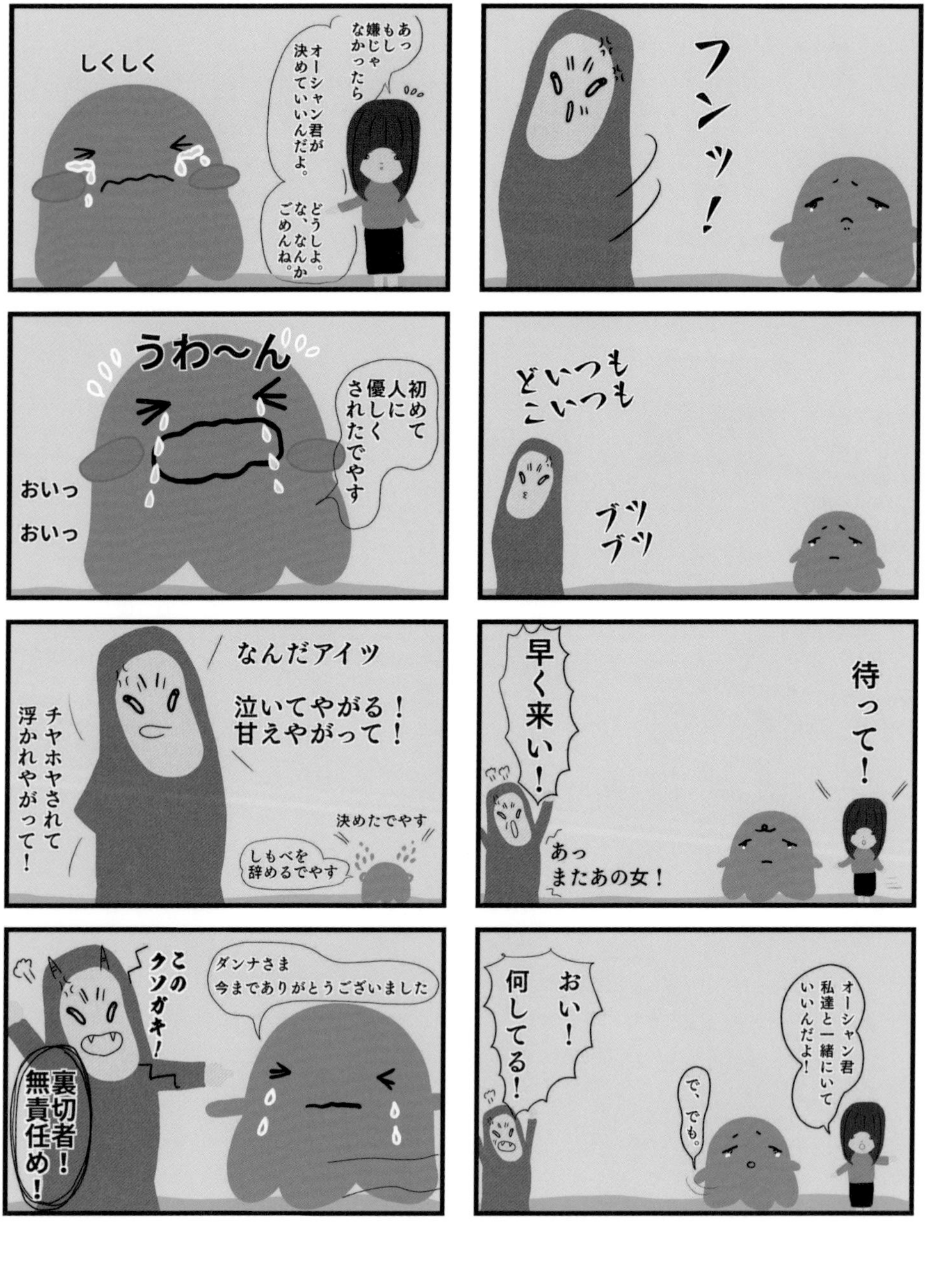
しくしく
あっ もし嫌じゃなかったら オーシャン君が決めていいんだよ。 どうしよ。な、なんかごめんね。
フンッ！
うわ～ん
おいっ おいっ
初めて人に優しくされたでやす
どいつもこいつも
ブツブツ
なんだアイツ
泣いてやがる！甘えやがって！
チヤホヤされて浮かれやがって！
決めたでやす
しもべを辞めるでやす
早く来い！
あっ またあの女！
待って！
このクソガキ！
裏切者！無責任め！
ダンナさま 今までありがとうございました
おい！何してる！
オーシャン君 私達と一緒にいていいんだよ！
で、でも。

認めないぞ！
お前がしもべを辞める権利なんて無い！
ムッキー
赤イナゴ！いいかげんにせんか！魂に主人もしもべも無いわい！
可哀想に泣いとるじゃろ！
何を勘違いしとるんじゃお前は！
お前は1人で帰れ！
クッソ〜
何だよみんなしてバーカバーカ
訴えてやるからな！覚えてろ！
プンスカ
プンスカ
ムキーッ
プン
プン
もう大丈夫じゃ
へい！
ポセイドンの子孫がいる海がある。ワシと一緒にそこへ行こう。

さっきは
ひどい事して
ごめんなさいでやす。
ペコリ
気にするでない。
さ、行こうか。
ではお主達ともここでお別れじゃな。
ありがとうでやす～
それから
さよならでやす～
マルミ君
今と言う
瞬間を
楽しむの
じゃぞ～
気をつけて～！
お元気で～！
私も頑張りま～す！
バイバーイ

—4—

それぞれの道へ

オーシャンを助けそれぞれの世界線に戻る仲間たち。
赤イナゴには大きな気づきとなる転機が訪れる。

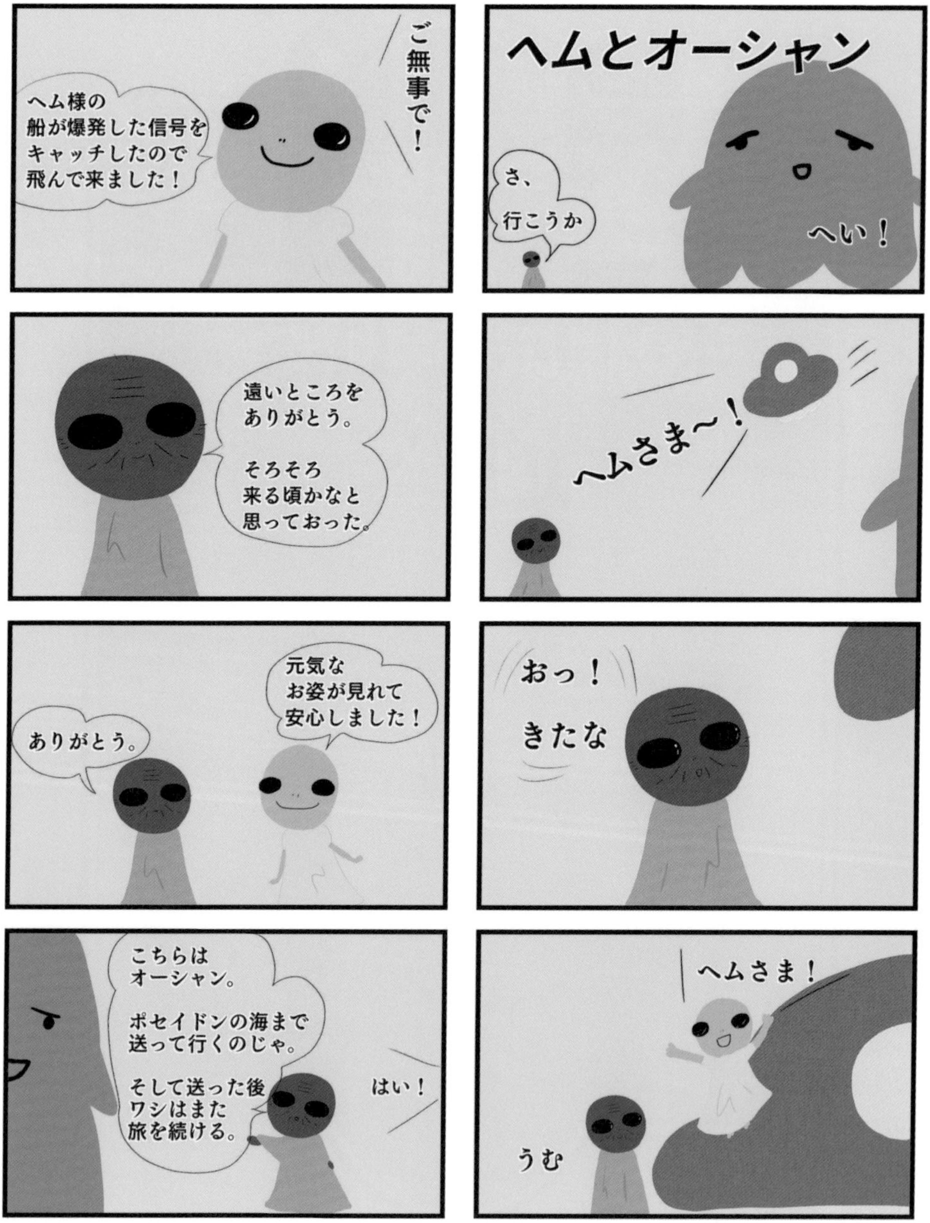
ヘムとオーシャン
さ、行こうか
へい！
ヘムさま〜！
おっ！きたな
ヘムさま！
うむ
ご無事で！
ヘム様の船が爆発した信号をキャッチしたので飛んで来ました！
遠いところをありがとう。
そろそろ来る頃かなと思っておった。
元気なお姿が見れて安心しました！
ありがとう。
こちらはオーシャン。
ポセイドンの海まで送って行くのじゃ。
そして送った後ワシはまた旅を続ける。
はい！

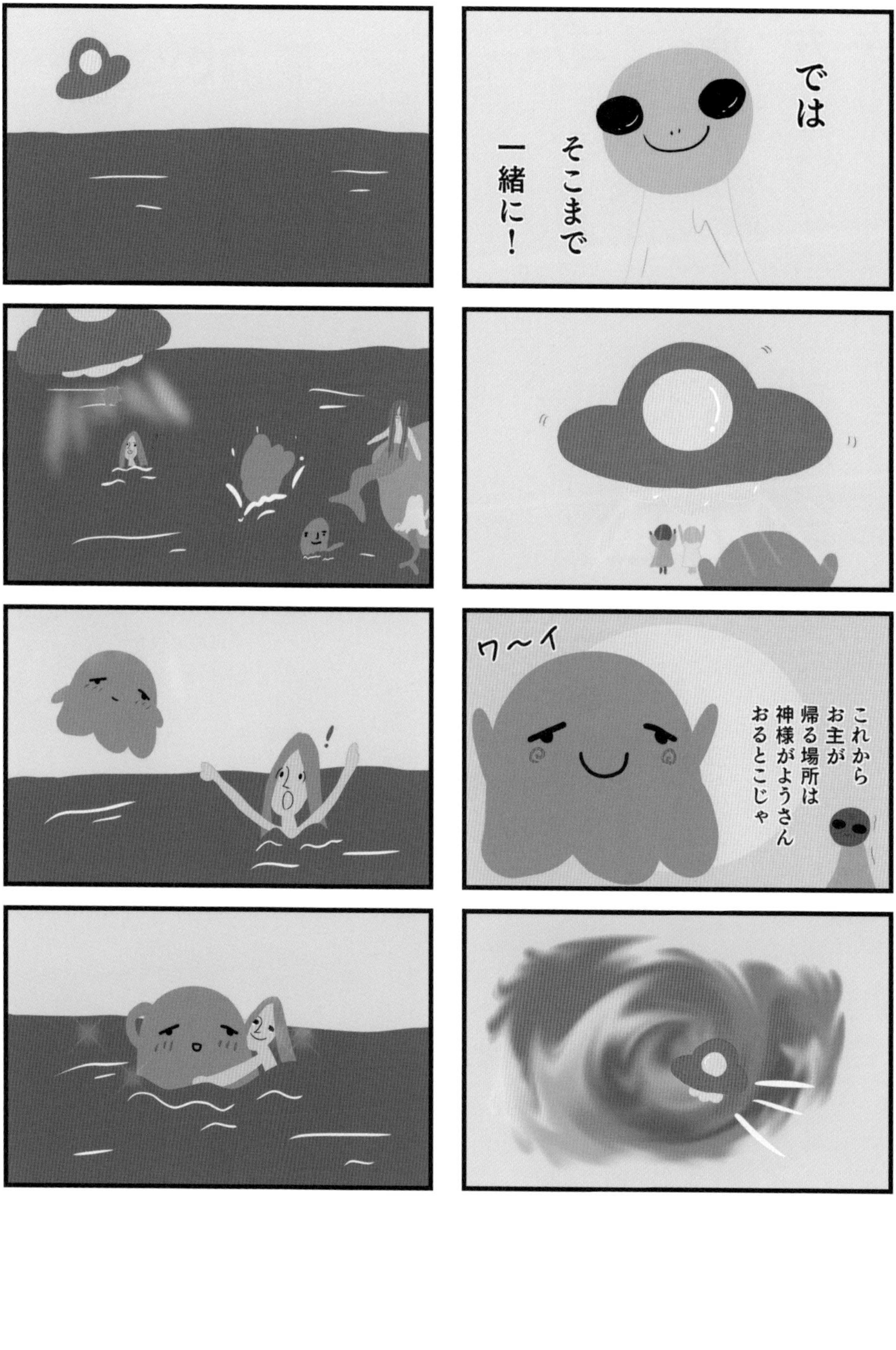
では
そこまで
一緒に!
これから
お主が
帰る場所は
神様がようさん
おるとこじゃ
ワ～イ

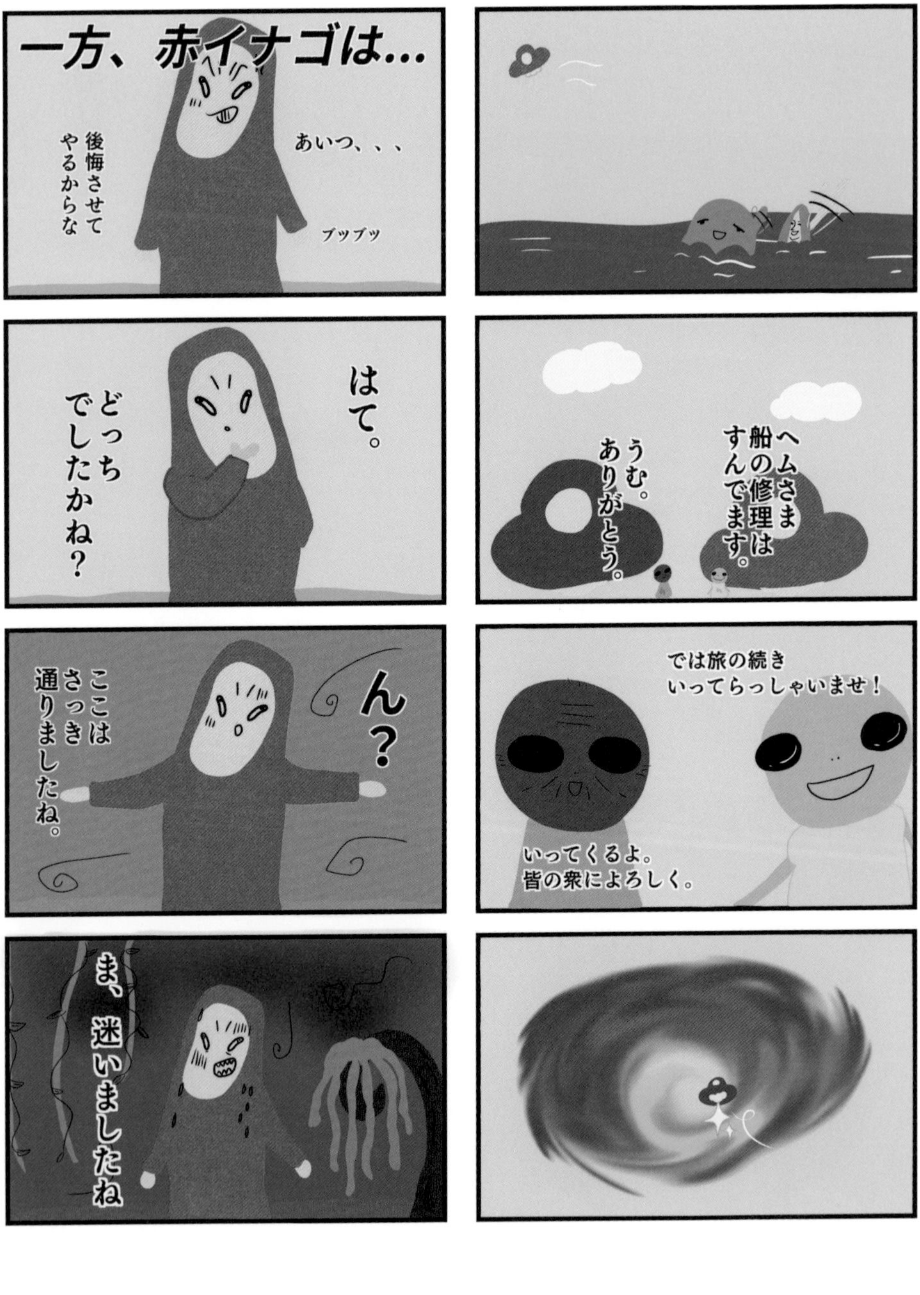

ヘムさま
船の修理は
すんでます。
うむ。
ありがとう。
では旅の続き
いってらっしゃいませ！
いってくるよ。
皆の衆によろしく。
一方、赤イナゴは…
あいつ、、、
後悔させて
やるからな
ブツブツ
はて。
どっち
でしたかね？
ん？
ここは
さっき
通りましたね。
ま、
迷いましたね

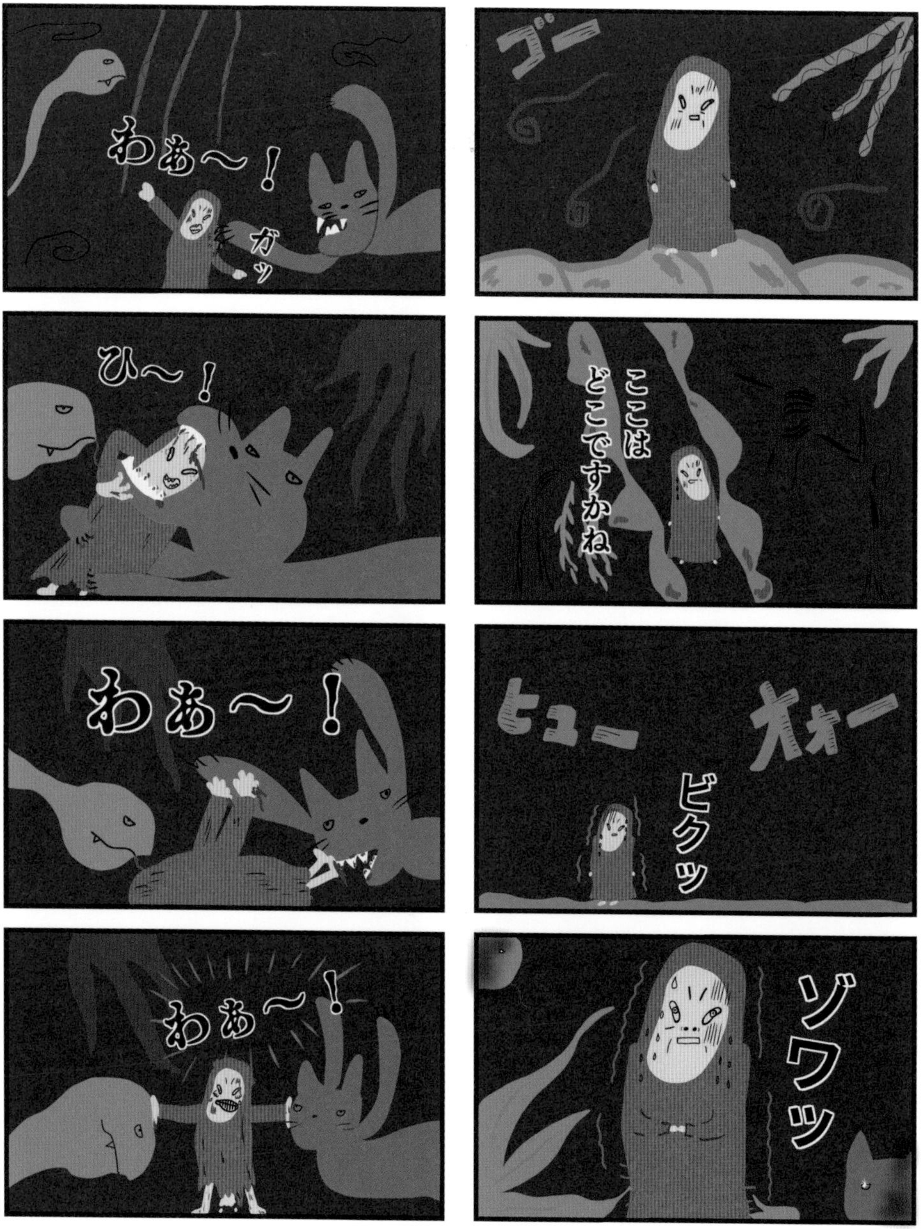
ゴー
ここはどこですかね
ヒュー
オォー
ビクッ
ゾワッ
わぁ〜!
ガッ
ひ〜!
わぁ〜!
わぁ〜!

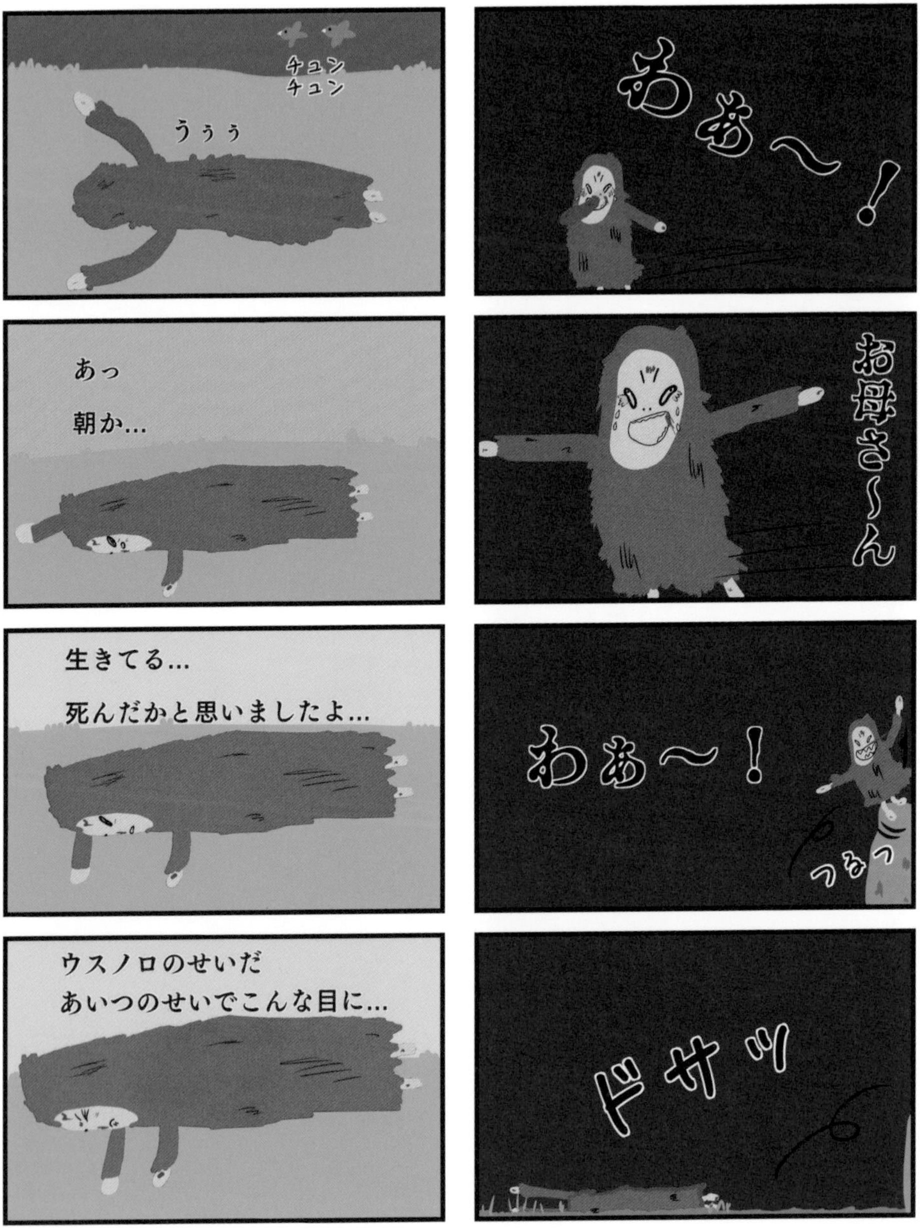
わぁ～！
お母さ～ん
わぁ～！
つるっ
ドサッ
チュン
チュン
ううう
あっ
朝か…
生きてる…
死んだかと思いましたよ…
ウスノロのせいだ
あいつのせいでこんな目に…

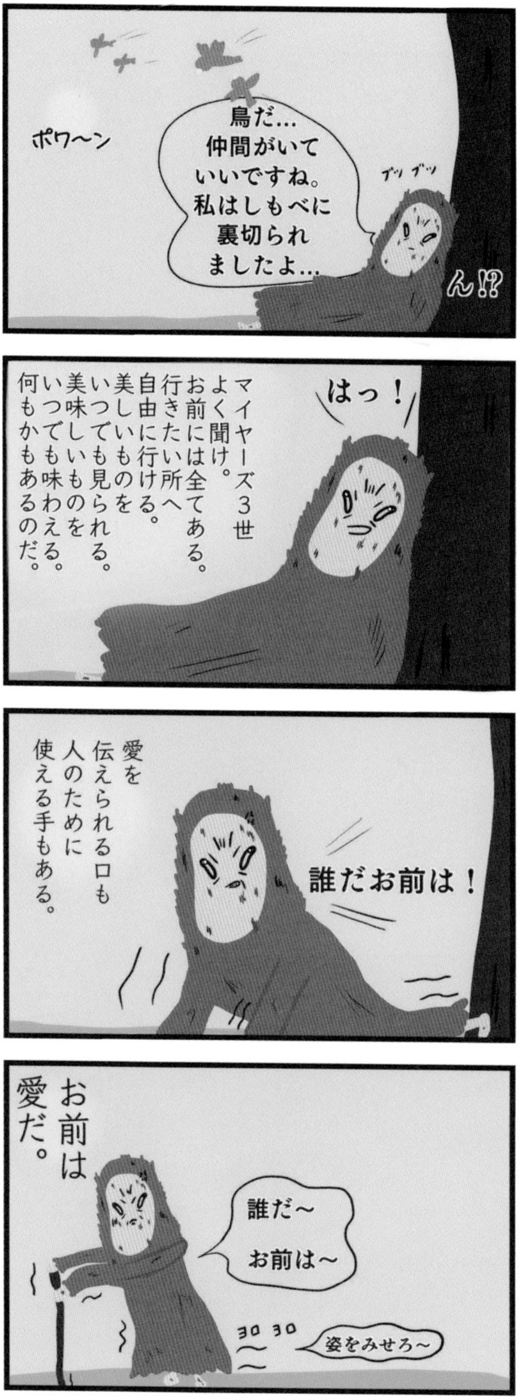
ポワ〜ン
鳥だ…仲間がいていいですね。私はしもべに裏切られましたよ…
ブツブツ
ん⁉
はっ！
マイヤーズ３世よく聞け。お前には全てある。行きたい所へ自由に行ける。美しいものをいつでも見られる。美味しいものをいつでも味わえる。何もかもあるのだ。
誰だお前は！
愛を伝えられる口も人のために使える手もある。
お前は愛だ。
誰だ〜 お前は〜
ヨロ ヨロ
姿をみせろ〜

お前がお前の
現実を創っている。
全部あるのに
無いと言う。
お前にだけ空気が
与えられない日は
あったか？
お前にだけ朝が
来なかった日が
あるか？
何が不満なんだ。
もっと自分を
大切にしろ。
うるさいっ
誰のせいでもないぞ。
全部お前が
創った世界だ。
これから
毎日瞑想しろ。
余計なことは
考えるな。
そうすれば
今まで
見えなかったものが
見えてくる。
待ちなさいっ！
お前は
愛だ。
待て～
フッ

着きましたね…
あの
さっきのヒカリ
わたしが
愛とかいってましたね…
意味わかりませんね…
ブツ
ブツ
私は私ですよ
そうか…
もうウスノロは居ないんですね。
ブツ
ブツ
あんなお荷物
いらないですよ。
1人の方が
気楽です。
でも
なんでウスノロは
泣いてたんですかね…
ブツ
ブツ
もしかして
私
嫌われて
たんですかね…
私
なにか
悪いこと
してたんですかね…
おいっ！
シ〜〜〜ン
なんだ
あのヒカリ…
気持ちの悪い
妖怪の
類いですかね…
ぐ〜〜
お腹がなりましたね…
ウスノロがいたら
食べ物を持って来させるのに。
ところで
…なんでウスノロは
裏切ったんですかね…
トボ
トボ

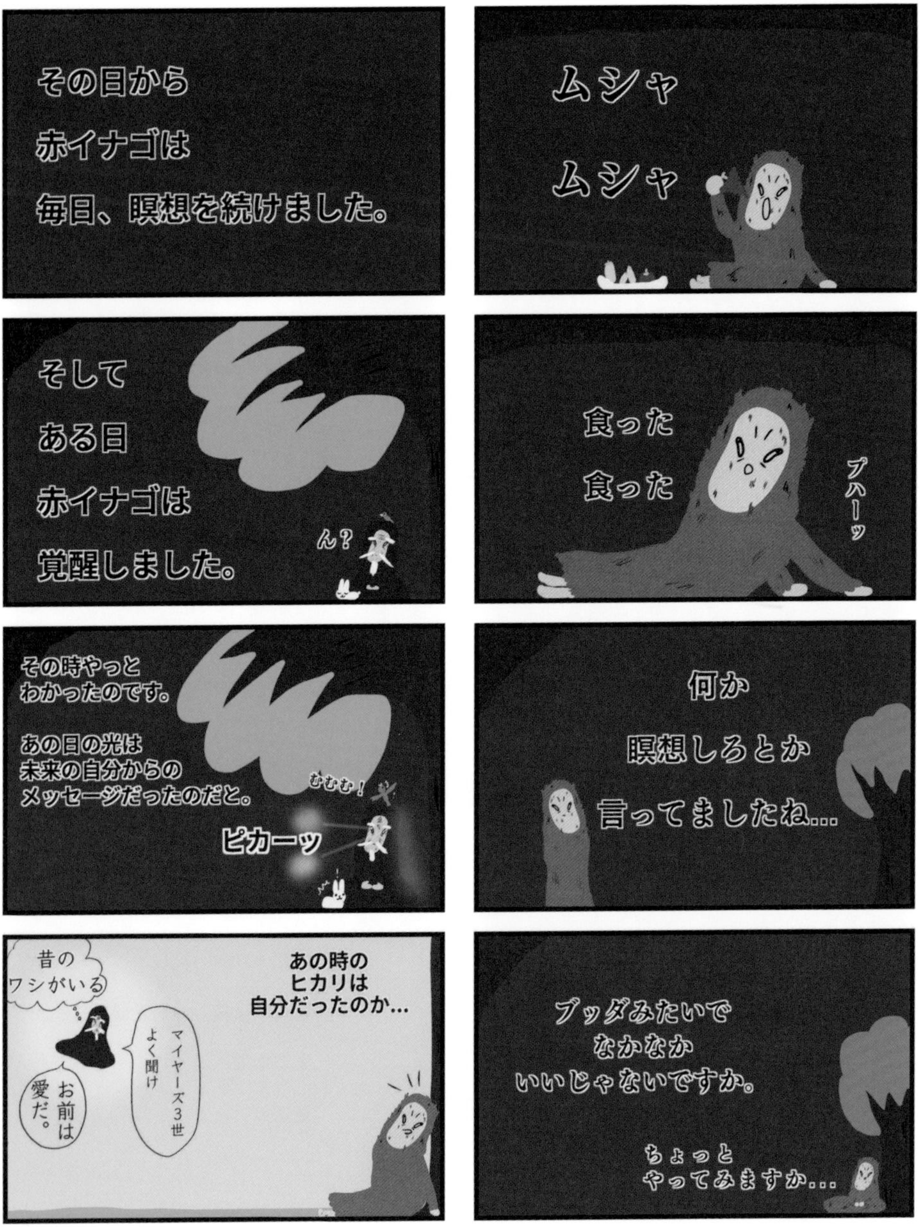
その日から
赤イナゴは
毎日、瞑想を続けました。
ムシャ
ムシャ
そして
ある日
赤イナゴは
覚醒しました。
ん？
食った
食った
プハーッ
その時やっと
わかったのです。
あの日の光は
未来の自分からの
メッセージだったのだと。
むむむ！
ピカーッ
何か
瞑想しろとか
言ってましたね…
昔の
ワシがいる
あの時の
ヒカリは
自分だったのか…
マイヤーズ3世
よく聞け
お前は
愛だ。
ブッダみたいで
なかなか
いいじゃないですか。
ちょっと
やってみますか…

タデトさんとマルミちゃん
じゃ
そろそろ
戻ろうか！
うん！
タデトさん
いろいろありがとう！
楽しかった！
うん！
マルミちゃ～ん
マルミちゃ～ん
エへへへへ
ウフフフフ
あっ
木の妖精だ！
ウフフフフ
マルミちゃん
この世界のこと
マンガに描いて～
えっ！
マンガなんて
描いたことないよ私。
また、なんで
マンガ…
おねが～い
ウフフ
マンガ描いて～
おねが～い

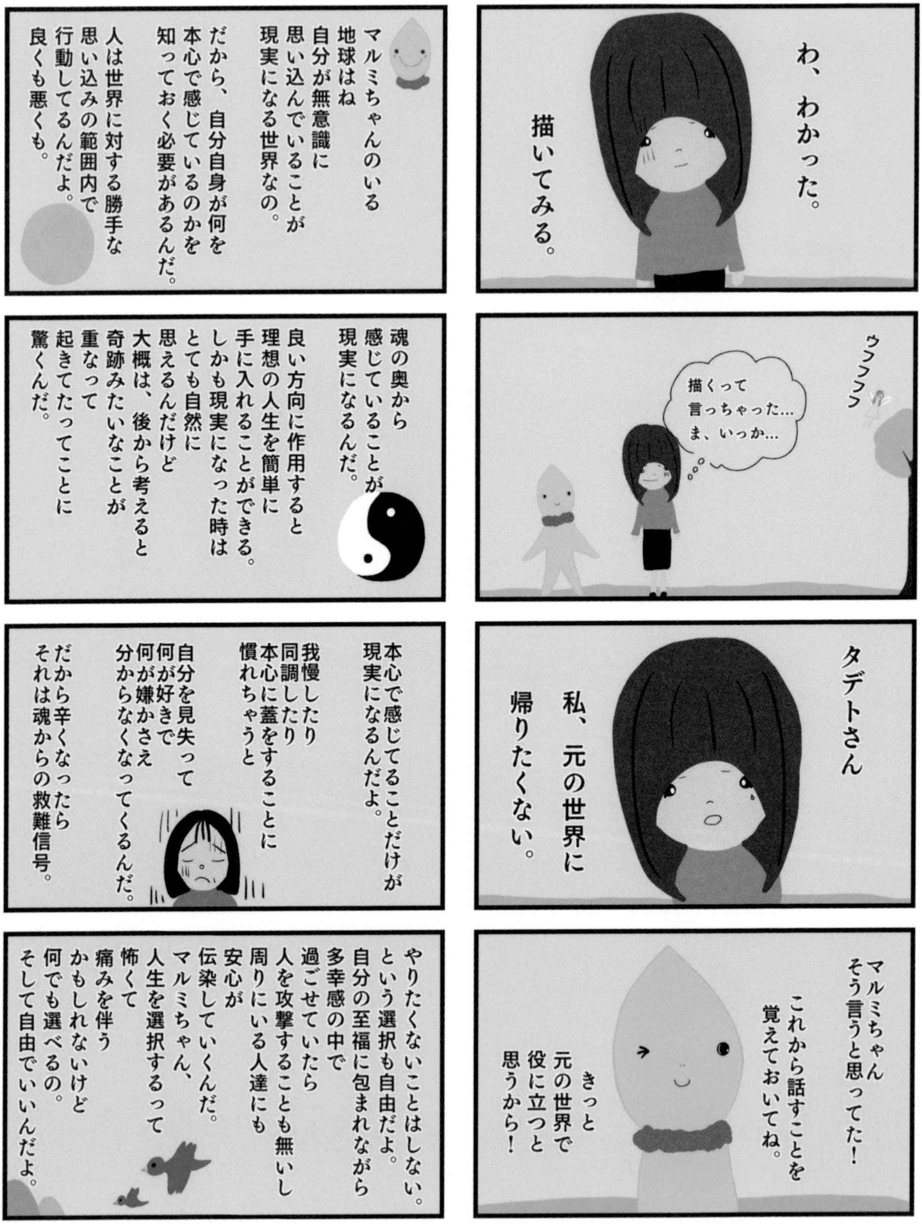
わ、わかった。
描いてみる。
ウフフフ
描くって
言っちゃった…
ま、いっか…
タデトさん
私、元の世界に
帰りたくない。
マルミちゃん
そう言うと思ってた!
これから話すことを
覚えておいてね。
きっと
元の世界で
役に立つと
思うから!
マルミちゃんのいる
地球はね
自分が無意識に
思い込んでいることが
現実になる世界なの。
だから、自分自身が何を
本心で感じているのかを
知っておく必要があるんだ。
人は世界に対する勝手な
思い込みの範囲内で
行動してるんだよ。
良くも悪くも。
魂の奥から
感じていることが
現実になるんだ。
良い方向に作用すると
理想の人生を簡単に
手に入れることができる。
しかも現実になった時は
とても自然に
思えるんだけど
大概は、後から考えると
奇跡みたいなことが
重なって
起きてたってことに
驚くんだ。
本心で感じてることだけが
現実になるんだよ。
我慢したり
同調したり
本心に蓋をすることに
慣れちゃうと
自分を見失って
何が好きで
何が嫌かさえ
分からなくなってくるんだ。
だから辛くなったら
それは魂からの救難信号。
やりたくないことはしない。
という選択も自由だよ。
自分の至福に包まれながら
多幸感の中で
過ごせていたら
人を攻撃することも無いし
周りにいる人達にも
安心が
伝染していくんだ。
マルミちゃん、
人生を選択するって
怖くて
痛みを伴う
かもしれないけど
何でも選べるの。
そして自由でいいんだよ。

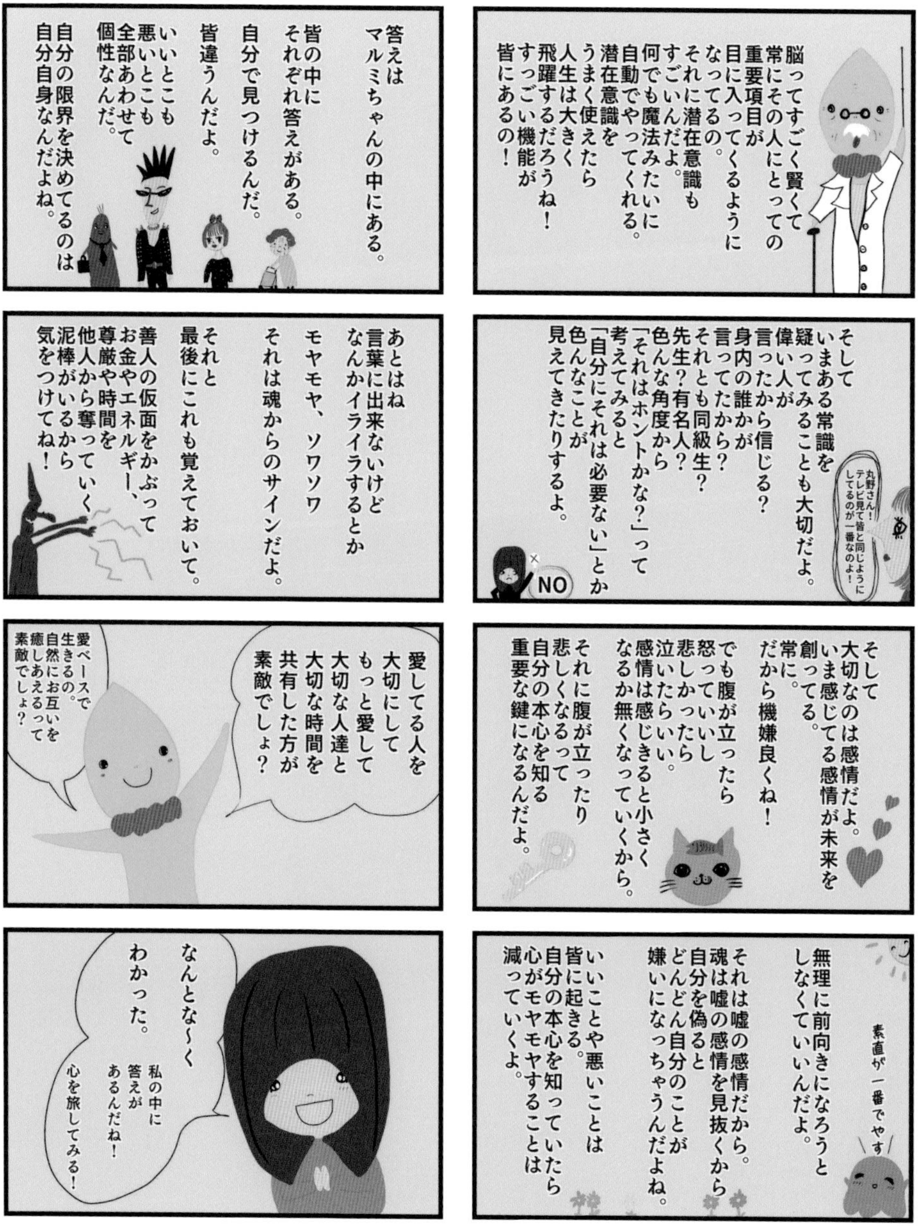
脳ってすごく賢くて
常にその人にとっての
重要項目が
目に入ってくるように
なってるの。
それに潜在意識も
すごいんだよ。
何でも魔法みたいに
自動でやってくれる。
潜在意識を
うまく使えたら
人生は大きく
飛躍するだろうね！
すっごい機能が
皆にあるの！
答えは
マルミちゃんの中にある。
皆の中に
それぞれ答えがある。
自分で見つけるんだ。
皆違うんだよ。
いいとこも
悪いとこも
全部あわせて
個性なんだ。
自分の限界を決めてるのは
自分自身なんだよね。
そして
いまある常識を
疑ってみることも大切だよ。
偉い人が
言ったから信じる？
身内の誰かが
言ってたから？
それとも同級生？
先生？有名人？
色んな角度から
「それはホントかな？」って
考えてみると
「自分にそれは必要ない」とか
色んなことが
見えてきたりするよ。
丸野さん！テレビ見て皆と同じようにしてるのが一番なのよ！
NO
あとはね
言葉に出来ないけど
なんかイライラするとか
モヤモヤ、ソワソワ
それは魂からのサインだよ。
それと
最後にこれも覚えておいて。
善人の仮面をかぶって
お金やエネルギー、
尊厳や時間を
他人から奪っていく
泥棒がいるから
気をつけてね！
そして
大切なのは感情だよ。
いま感じてる感情が未来を
創ってる。
常に。
だから機嫌良くね！
でも腹が立ったら
怒っていいし
悲しかったら
泣いたらいい。
感情は感じきると小さく
なるか無くなっていくから。
それに腹が立ったり
悲しくなるって
自分の本心を知る
重要な鍵になるんだよ。
愛してる人を
大切にして
もっと愛して
大切な人達と
大切な時間を
共有した方が
素敵でしょ？
愛ベースで
生きるの。
自然にお互いを
癒しあえるって
素敵でしょ？
無理に前向きになろうと
しなくていいんだよ。
それは嘘の感情だから。
魂は嘘の感情を見抜くから
自分を偽ると
どんどん自分のことが
嫌いになっちゃうんだよね。
いいことや悪いことは
皆に起きる。
自分の本心を知っていたら
心がモヤモヤすることは
減っていくよ。
素直が一番でやす
なんとな〜く
わかった。
私の中に
答えが
あるんだね！
心を旅してみる！

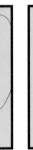

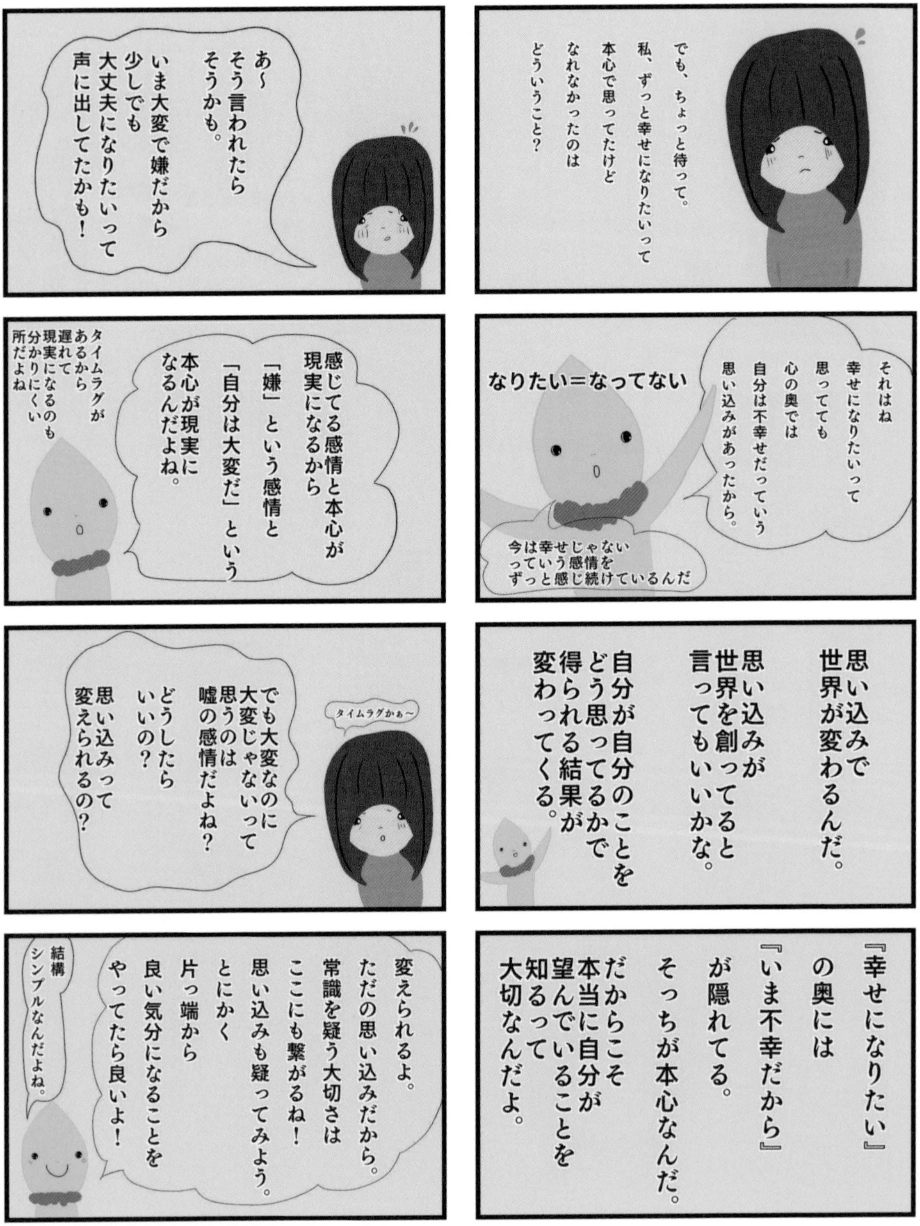
でも、ちょっと待って。私、ずっと幸せになりたいって本心で思ってたけどなれなかったのはどういうこと？
あ〜そう言われたらそうかも。いま大変で嫌だから少しでも大丈夫になりたいって声に出してたかも！
なりたい＝なってない
それはね幸せになりたいって思ってても心の奥では自分は不幸せだっていう思い込みがあったから。
今は幸せじゃないっていう感情をずっと感じ続けているんだ
感じてる感情と本心が現実になるから「嫌」という感情と「自分は大変だ」という本心が現実になるんだよね。
タイムラグがあるから遅れて現実になるのも分かりにくい所だよね
思い込みで世界が変わるんだ。思い込みが世界を創ってると言ってもいいかな。自分が自分のことをどう思ってるかで得られる結果が変わってくる。
タイムラグかぁ〜
でも大変なのに大変じゃないって思うのは嘘の感情だよね？どうしたらいいの？思い込みって変えられるの？
『幸せになりたい』の奥には『いま不幸だから』が隠れてる。そっちが本心なんだ。だからこそ本当に自分が望んでいることを知るって大切なんだよ。
変えられるよ。ただの思い込みだから。常識を疑う大切さはここにも繋がるね！思い込みも疑ってみよう。とにかく片っ端から良い気分になることをやってたら良いよ！
結構シンプルなんだよね。

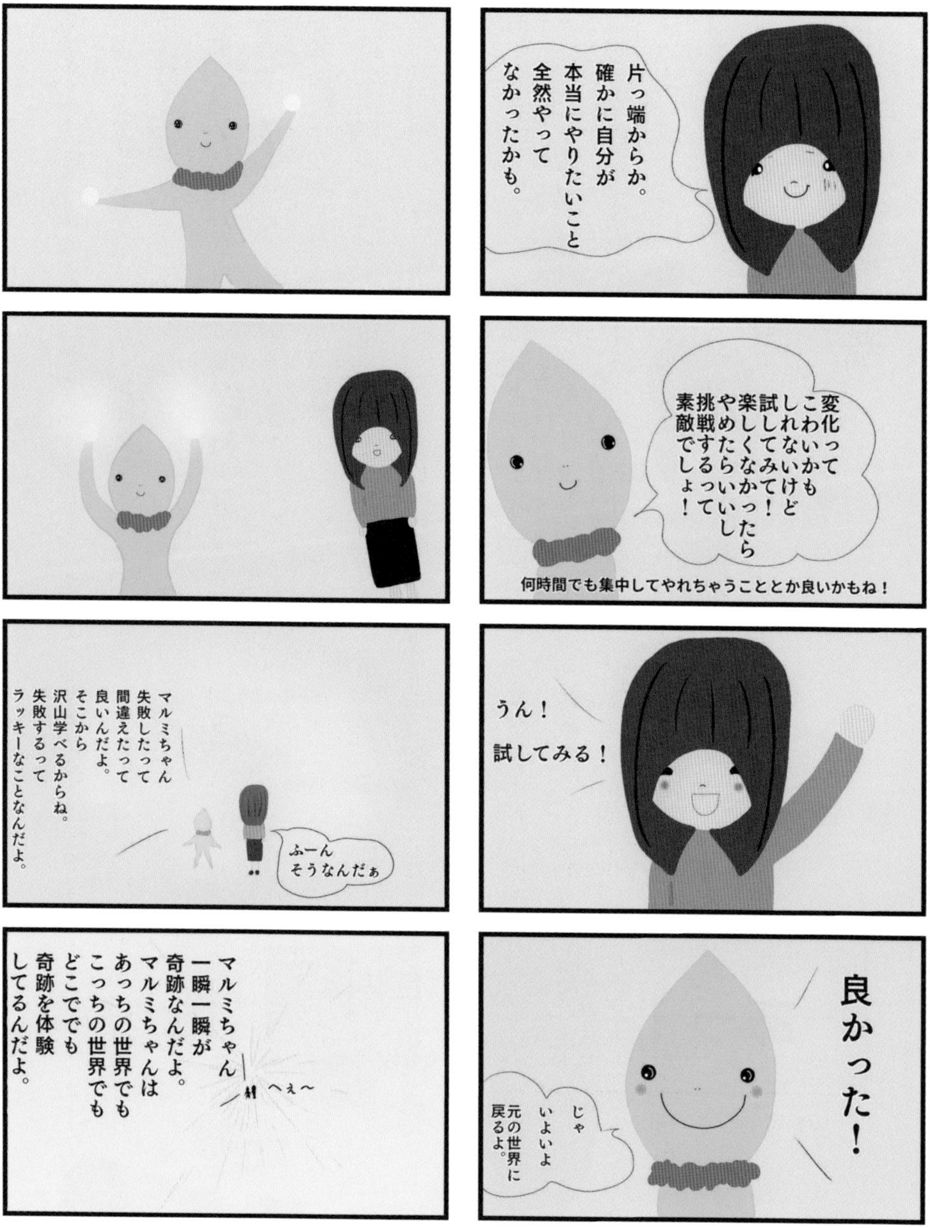
片っ端からか。確かに自分が本当にやりたいこと全然やってなかったかも。
変化ってこわいかもしれないけど試してみて！楽しくなかったらやめたらいいし挑戦するって素敵でしょ！
何時間でも集中してやれちゃうこととか良いかもね！
うん！
試してみる！
良かった！
じゃいよいよ元の世界に戻るよ。
マルミちゃん失敗したって間違えたって良いんだよ。そこから沢山学べるからね。失敗するってラッキーなことなんだよ。
ふーん
そうなんだぁ
マルミちゃん一瞬一瞬が奇跡なんだよ。マルミちゃんはあっちの世界でもこっちの世界でもどこででも奇跡を体験してるんだよ。
へぇ～

逃げるんじゃなくて自分の人生を切り開いていくんだよ～
フワリ
コトッ
ムクッ
あっ
あれっ？私、寝てたの？
タデトさ～ん
えっ まさか
夢？
あっ！

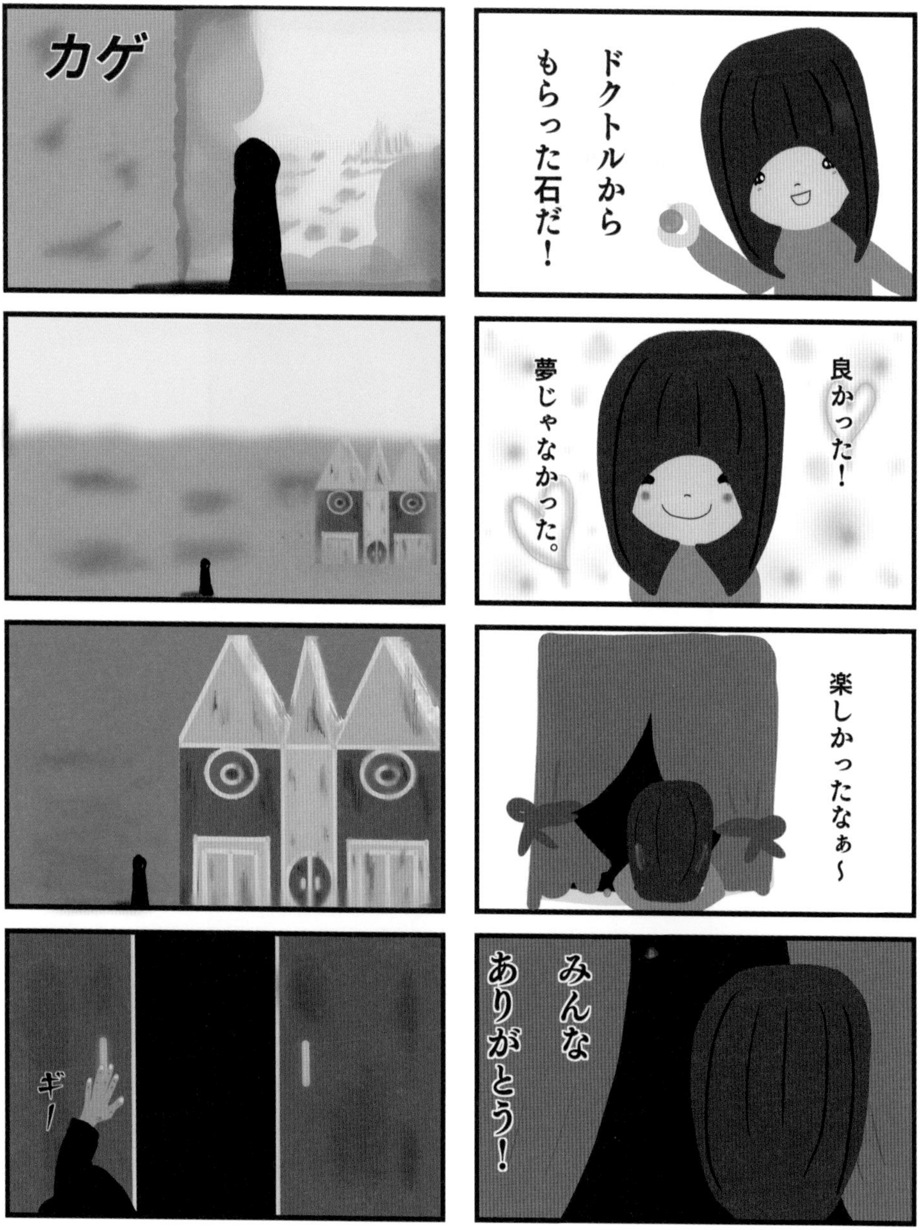
ドクトルから
もらった石だ！
良かった！
夢じゃなかった。
楽しかったなぁ～
みんな
ありがとう！
カゲ
ギー

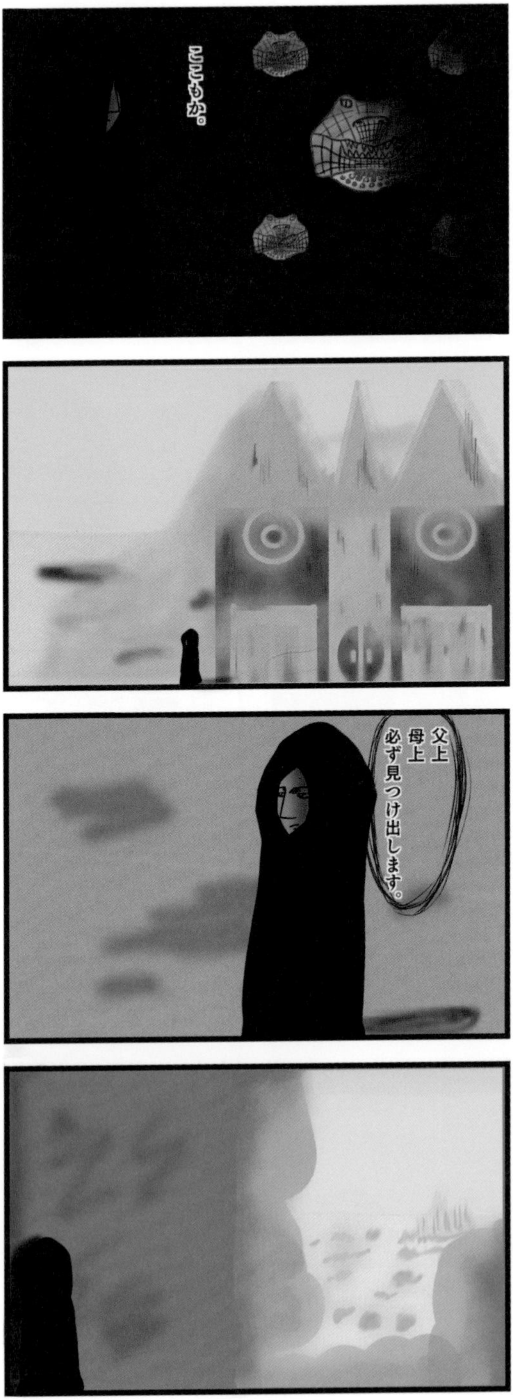
ここもか。
父上
母上
必ず見つけ出します。

大きな光の塊に出会った話

では、私が人生の中で経験した一番強烈だったことをお話しましょう。前のコラムで話した山小屋でアルバイトをしていた時の話です。

その頃シャーリー・マクレーンの本の影響で瞑想にハマっていた私は、いつものように部屋で瞑想していました。だいたい意識が遠くなっていつの間にか寝てしまっているのが通常のパターンでしたが、その日は違っていました。直径が1m～1・5mくらいある大きな光の塊が部屋に現れたのです。瞑想中はビジョンのようなもので映像が脳に浮かぶことはありましたが、その光の塊はハッキリと見えました。そしてゆっくりと私の方へ向かって動いているのです。光の塊は私の目の前まで来て、そしてそのまま私を包み込みました。温度は感じなかったのですが、とても明るかったです。

その時、私は今まで感じたこともないような「愛」の中にいました。「愛」そのものでした。その時に、空間や時間を超えているような感覚で、私はとても安心していて至福の中にいました。その時に、マンガの中で丸野マルミが感じたような「やりたいことをするためにここにいるんだ。生まれてくるのがとても楽しみだったんだ」と思い出したのです。光の塊はそのまま進んでいたので、私を通りすぎて行きそうでした。私は聞きました。「あなたは誰ですか?」と。そうすると光の塊は言葉ではなく感覚で「私は天使です」と教えてくれました。

今でも時々私はビビッとメッセージを受け取ることがあります。マンガの中のセリフにもいくつか使いました。私はそのメッセージは光の塊からだと思っていますが、残念ながらあれ以来、姿を見たことはありません。この出来事を信じるか信じないかは別として、その後の私にものすごく大きな影響を与えました。

実はスピリチュアルと言われているジャンルの中でも個人的に好きな種類と苦手な種類があり、こういった話をすると、人から「あの人はスピリチュアル全部が好きな人なんだ」と思われるんじゃないかと気にして、話すのを避けてきました。でも今ではそんなことも、相手の受け取り方次第だと思うようになっていきました。相手がどう思うかは相手次第。私にはコントロールできないことを、いちいち気にしていたんだとバカバカしくなってきたんです。

私はあの大きな光の塊に出会えて本当にラッキーだったなと思っています。赤イナゴが見た光の主は未来の赤イナゴでしたが、私が出会ったのは天使でした。

―5―

光る石

マンガを描き出したマルミ。
しかし突然もらった石が光りだして
オーシャンが泣いているのが見えた！
ヘムが再び現れマルミはネフィリムの世界へ。

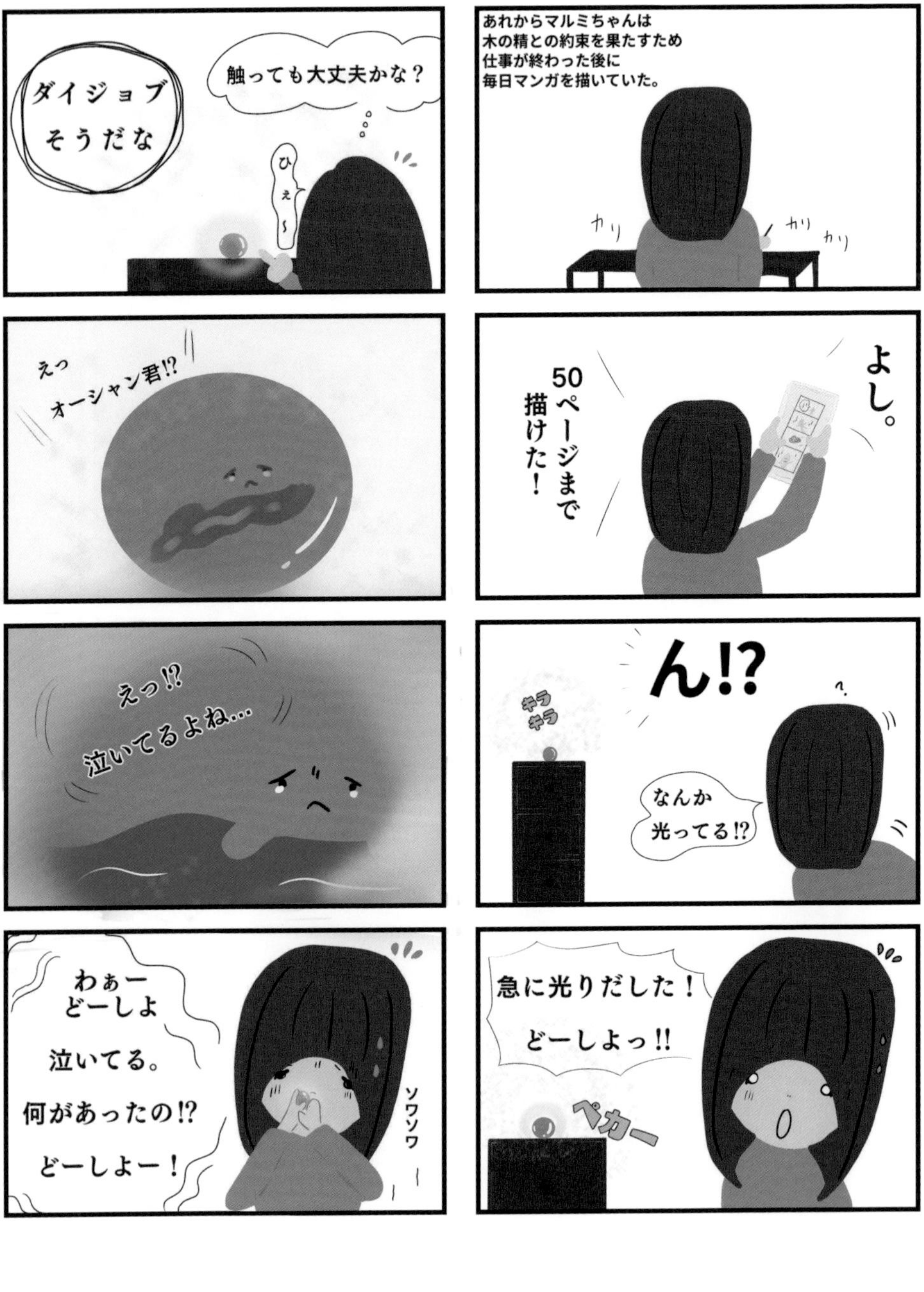
あれからマルミちゃんは
木の精との約束を果たすため
仕事が終わった後に
毎日マンガを描いていた。
カリ
カリ
カリ
よし。
50ページまで描けた！
ん!?
キラ
キラ
なんか光ってる!?
急に光りだした！
どーしよっ!!
ペカー
触っても大丈夫かな？
ダイジョブそうだな
ひぇ〜
えっ
オーシャン君!?
えっ!?
泣いてるよね…
わぁー
どーしよ
泣いてる。
何があったの!?
どーしよー！
ソワソワ

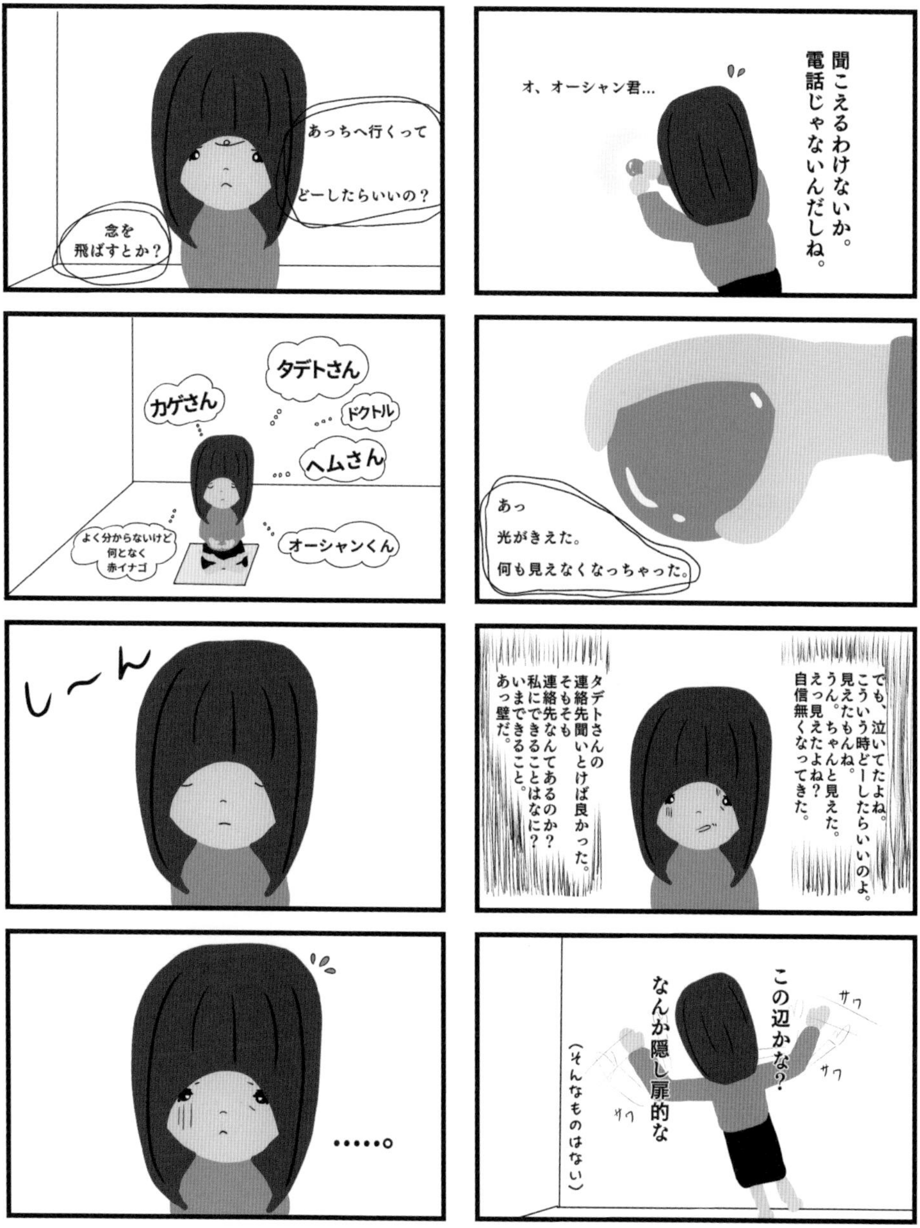

オ、オーシャン君…
聞こえるわけないか。電話じゃないんだしね。
あっ
光がきえた。
何も見えなくなっちゃった。
でも、泣いてたよね。こういう時どーしたらいいのよ。見えたもんね。うん。ちゃんと見えた。えっ見えたよね？自信無くなってきた。
タデトさんの連絡先聞いとけば良かった。そもそも連絡先なんてあるのか？私にできることはなに？いまできること。あっ壁だ。
この辺かな？
なんか隠し扉的な
（そんなものはない）
サワ
サワ
サワ
あっちへ行くって
どーしたらいいの？
念を飛ばすとか？
タデトさん
カゲさん
ドクトル
ヘムさん
よく分からないけど何となく赤イナゴ
オーシャンくん
し～ん
……。

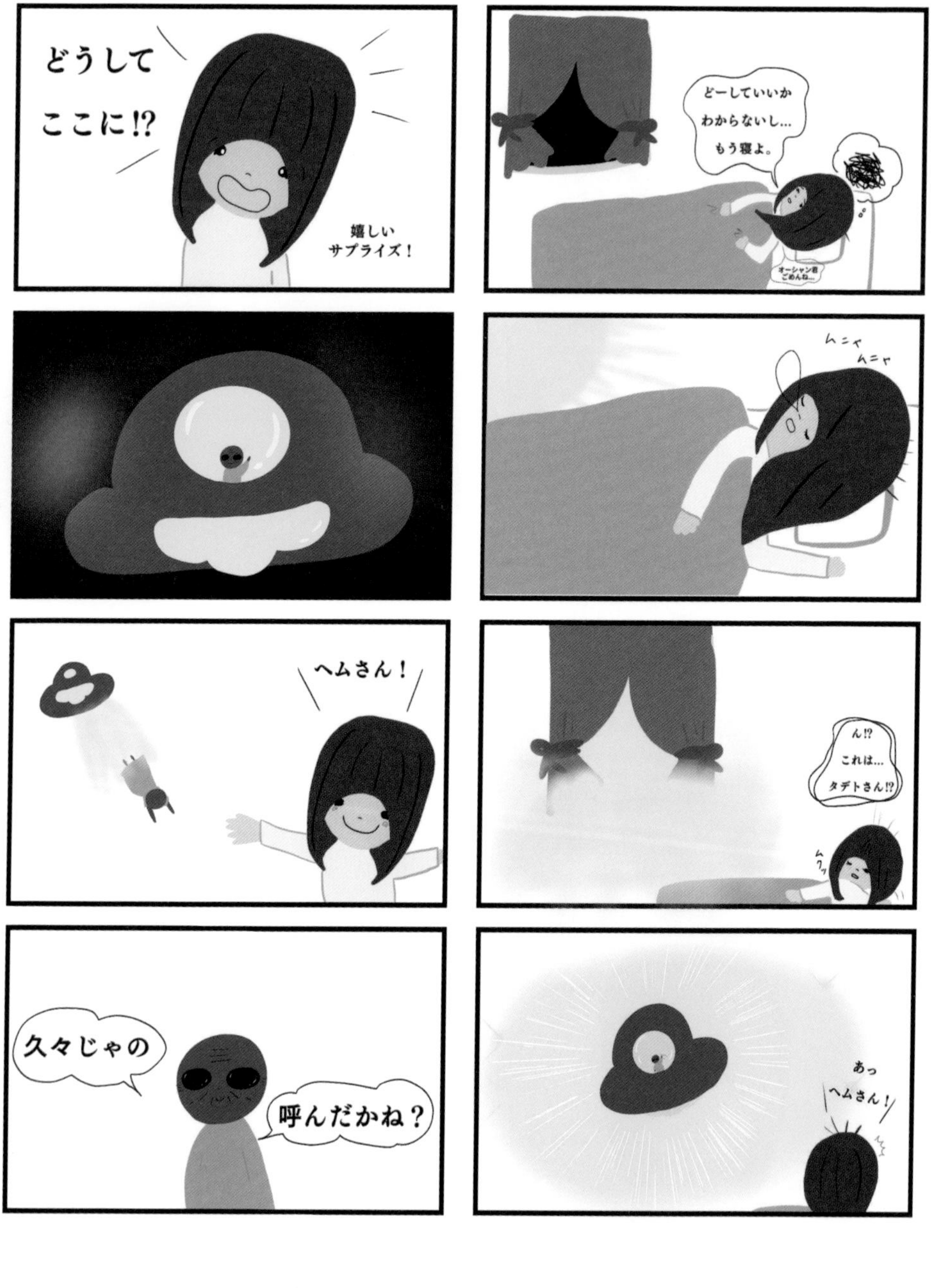
どーしていいか
わからないし…
もう寝よ。
オーシャン君
ごめんね…
ムニャ
ムニャ
ん!?
これは…
タデトさん!?
ムクッ
あっ
ヘムさん!
どうして
ここに!?
嬉しい
サプライズ!
ヘムさん!
久々じゃの
呼んだかね?

5.光る石

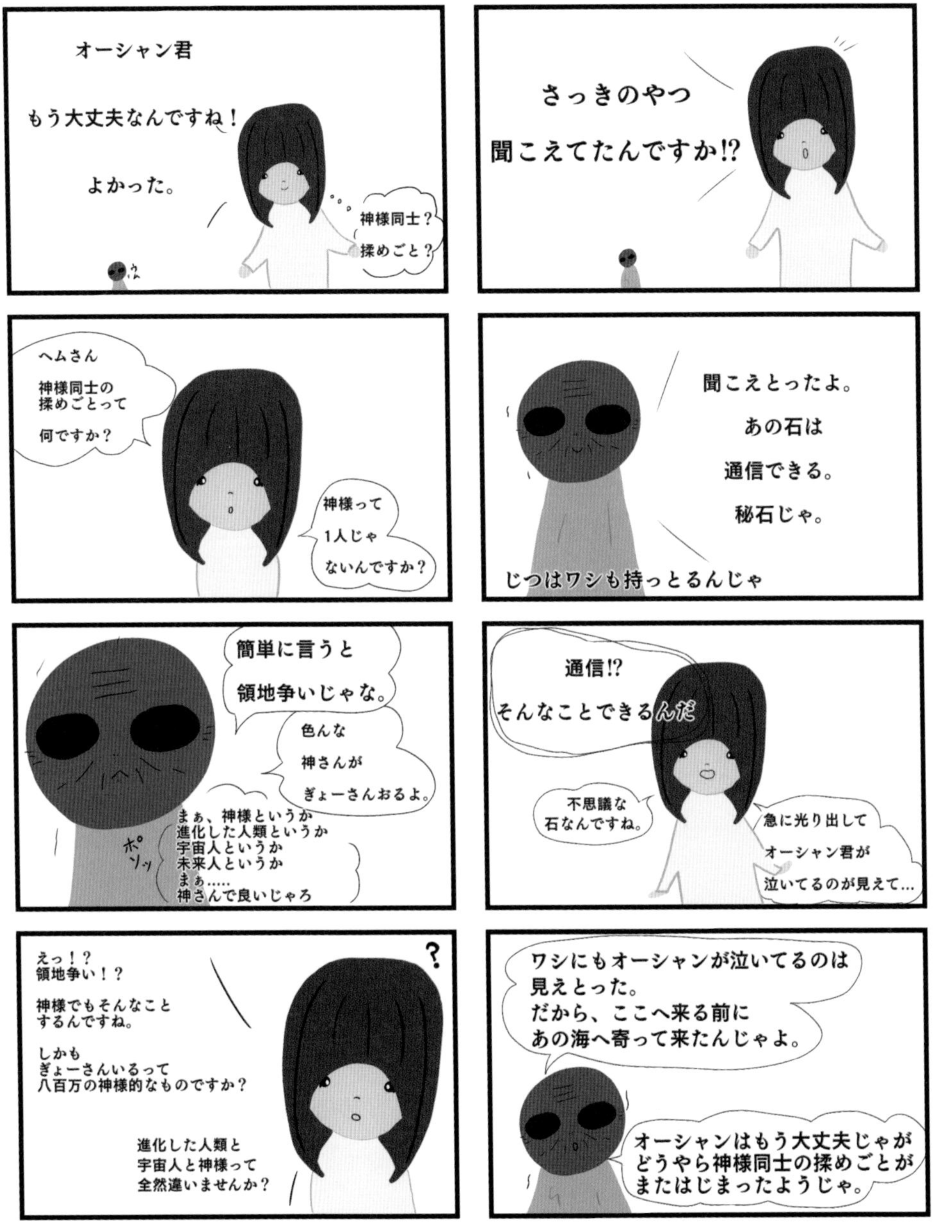

オーシャン君
もう大丈夫なんですね！
よかった。
神様同士？
揉めごと？
さっきのやつ
聞こえてたんですか!?
ヘムさん
神様同士の
揉めごとって
何ですか？
神様って
1人じゃ
ないんですか？
聞こえとったよ。
あの石は
通信できる。
秘石じゃ。
じつはワシも持っとるんじゃ
簡単に言うと
領地争いじゃな。
色んな
神さんが
ぎょーさんおるよ。
まぁ、神様というか
進化した人類というか
宇宙人というか
未来人というか
まぁ.....
神さんで良いじゃろ
ポンッ
通信!?
そんなことできるんだ
不思議な
石なんですね。
急に光り出して
オーシャン君が
泣いてるのが見えて...
えっ！？
領地争い！？
神様でもそんなこと
するんですね。
しかも
ぎょーさんいるって
八百万の神様的なものですか？
?
進化した人類と
宇宙人と神様って
全然違いませんか？
ワシにもオーシャンが泣いてるのは
見えとった。
だから、ここへ来る前に
あの海へ寄って来たんじゃよ。
オーシャンはもう大丈夫じゃが
どうやら神様同士の揉めごとが
またはじまったようじゃ。

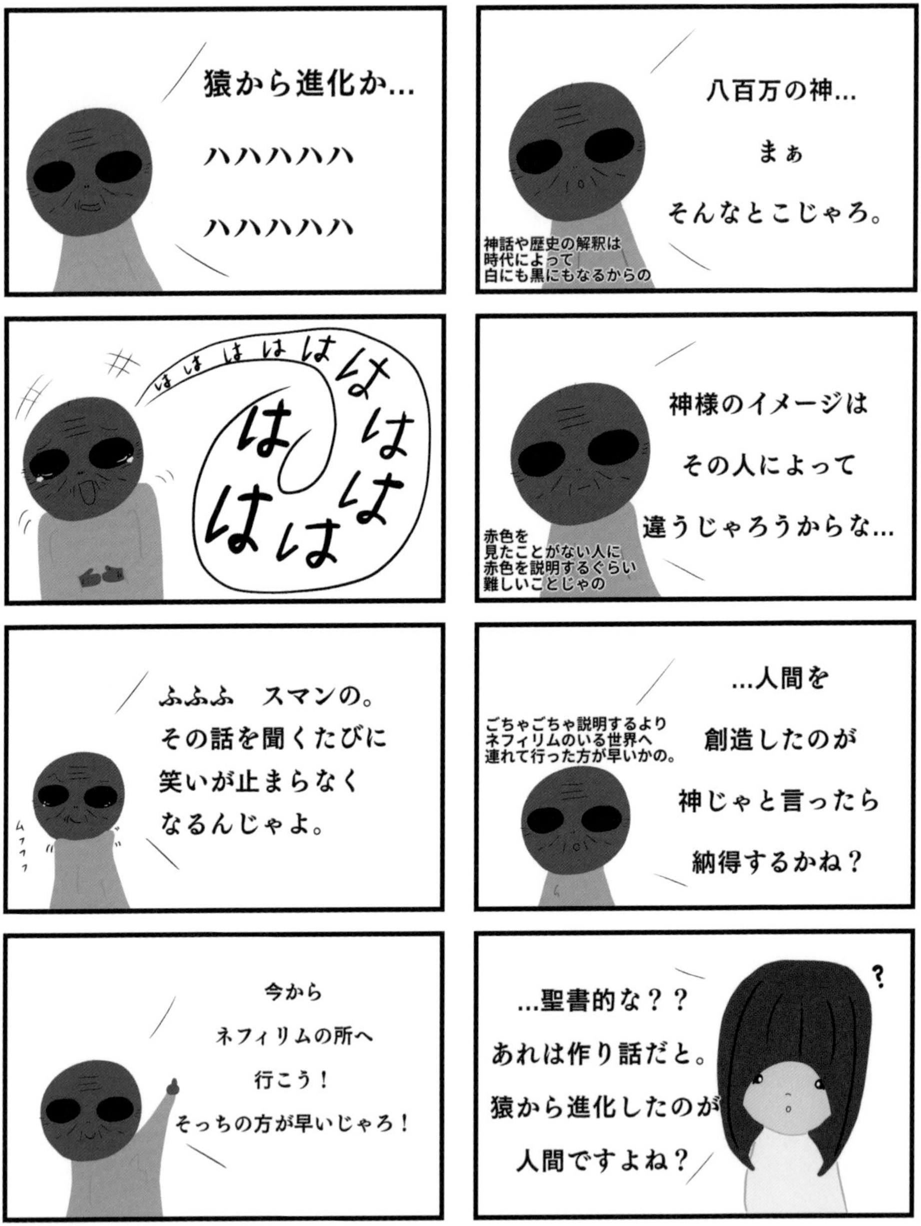

八百万の神…
まぁ
そんなとこじゃろ。
神話や歴史の解釈は
時代によって
白にも黒にもなるからの
神様のイメージは
その人によって
違うじゃろうからな…
赤色を
見たことがない人に
赤色を説明するぐらい
難しいことじゃの
…人間を
創造したのが
神じゃと言ったら
納得するかね？
ごちゃごちゃ説明するより
ネフィリムのいる世界へ
連れて行った方が早いかの。
…聖書的な？？
あれは作り話だと。
猿から進化したのが
人間ですよね？
?
猿から進化か…
ハハハハハ
ハハハハハ
ははははははははははは
ふふふ　スマンの。
その話を聞くたびに
笑いが止まらなく
なるんじゃよ。
ムフフフ
今から
ネフィリムの所へ
行こう！
そっちの方が早いじゃろ！

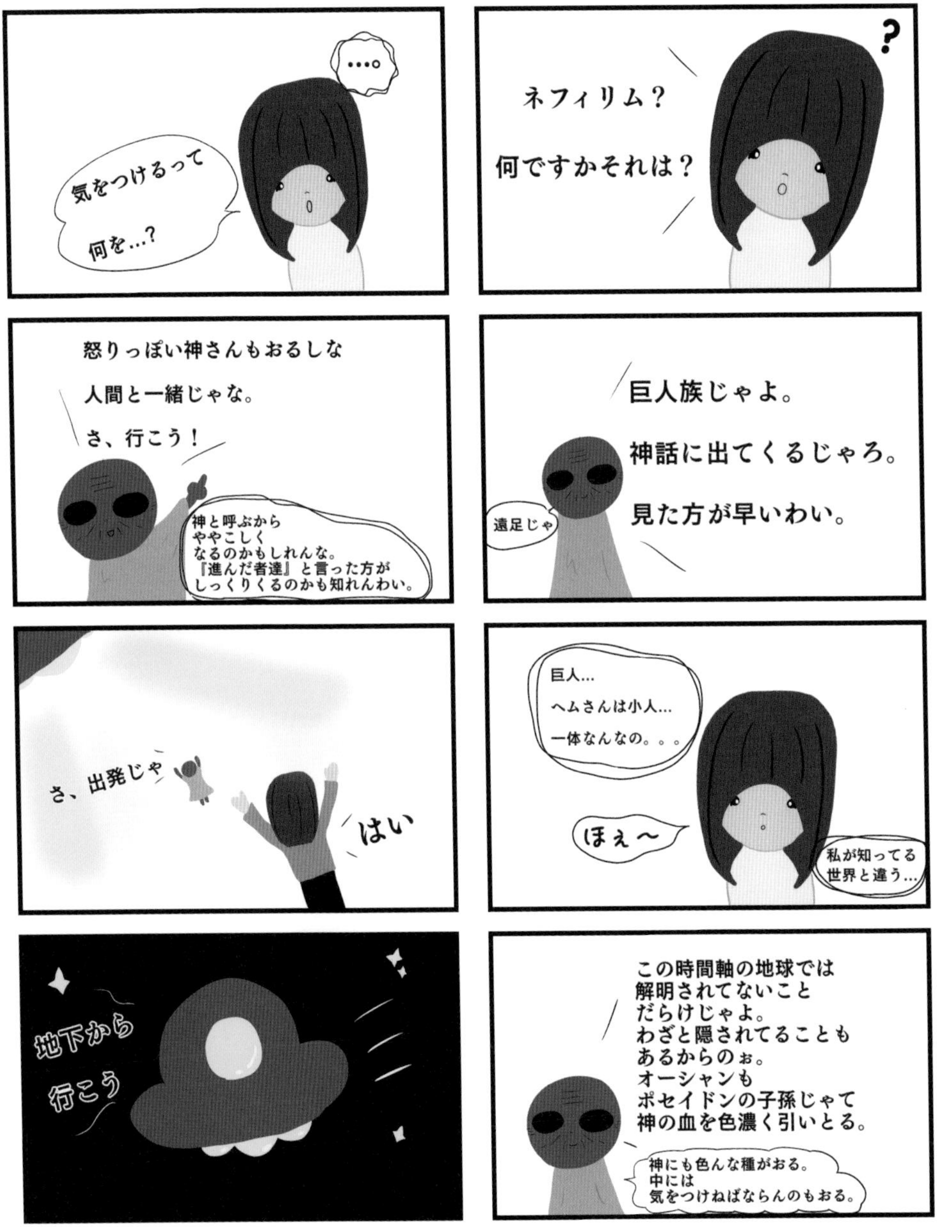
ネフィリム?
何ですかそれは?
?
巨人族じゃよ。
神話に出てくるじゃろ。
見た方が早いわい。
遠足じゃ
巨人…
ヘムさんは小人…
一体なんなの。。。
ほぇ〜
私が知ってる
世界と違う…
この時間軸の地球では
解明されてないこと
だらけじゃよ。
わざと隠されてることも
あるからのぉ。
オーシャンも
ポセイドンの子孫じゃて
神の血を色濃く引いとる。
神にも色んな種がおる。
中には
気をつけねばならんのもおる。
・・・。
気をつけるって
何を…?
怒りっぽい神さんもおるしな
人間と一緒じゃな。
さ、行こう!
神と呼ぶから
ややこしく
なるのかもしれんな。
『進んだ者達』と言った方が
しっくりくるのかも知れんわい。
さ、出発じゃ
はい
地下から
行こう

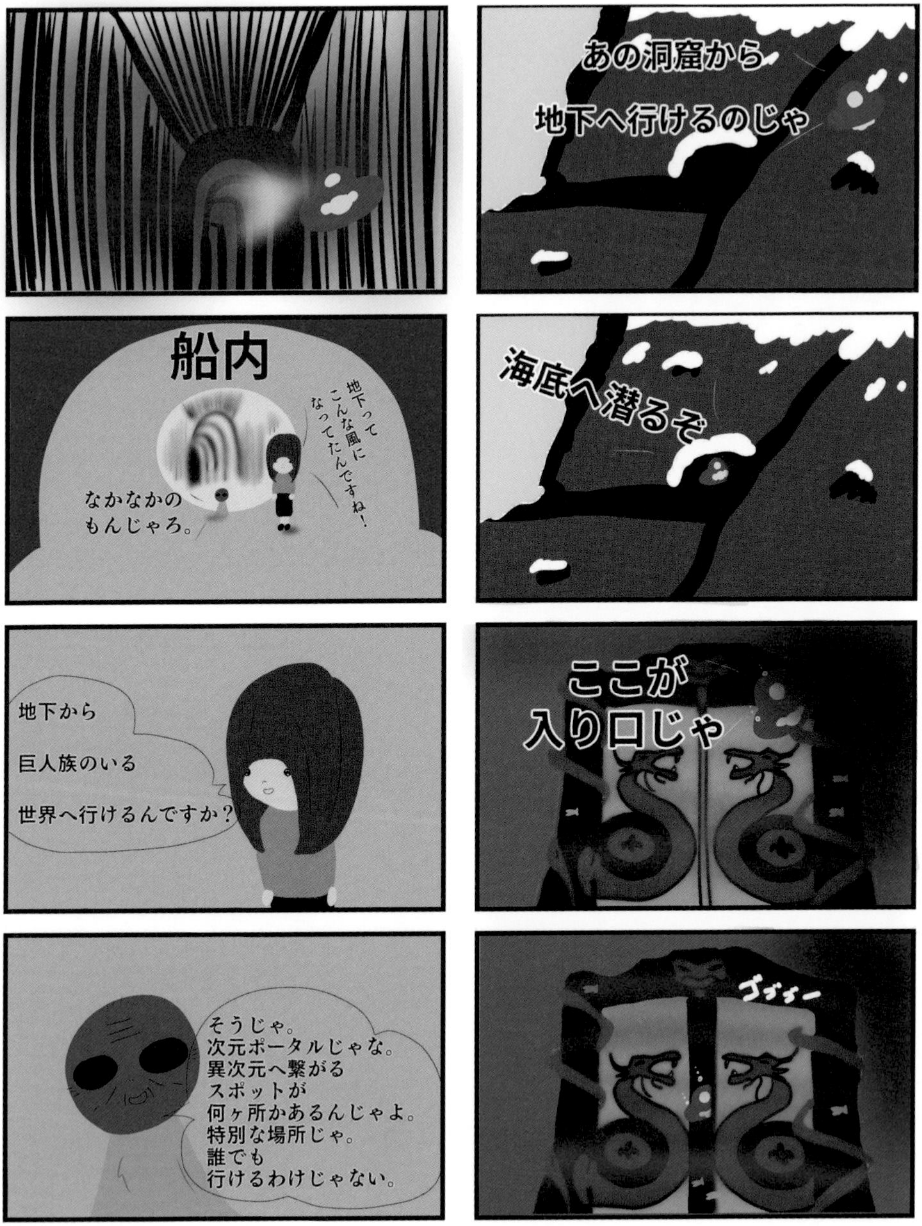

あの洞窟から
地下へ行けるのじゃ
海底へ潜るぞ
ここが
入り口じゃ
ゴォォー
船内
地下ってこんな風になってたんですね！
なかなかのもんじゃろ。
地下から
巨人族のいる
世界へ行けるんですか？
そうじゃ。
次元ポータルじゃな。
異次元へ繋がる
スポットが
何ヶ所かあるんじゃよ。
特別な場所じゃ。
誰でも
行けるわけじゃない。

王家の血筋で
入れる者もおる。
軍はこの入り口のことは知っとるが
ネフィリムのところまでは行けんのじゃ。
次元が関係しとる。
それに時間も無い。
過去、現在、未来
全て「いまここ」で起きとるんじゃ。
ええぇ
？？？
王家の血筋？？？
エジプトとかですか？
次元…
時間…
さっぱりです。
それに
何故私たちは
そこへ行けるんですか？
そうじゃな。エジプトにも王家があった。
エジプト王家なんぞは
遠い昔の話という感覚じゃろ。
ワシにも昔の記憶はある。
その過去もその時は「今」じゃった。
脳の解釈が過去だと言えんかね？
時計やカレンダーが無かったら
毎日毎秒「今」の連続じゃろう。
次元も何層にもなっとる。
はっきり分かれてないから
境界線は曖昧じゃよ。
その人が見る世界ごとに次元がある。
価値や場所を人と共有するから同じ次元に
自分と他者が存在する。
何故ワシらがそこへ行けるのかは
今、お主がワシと時間を共有しているから
今はワシの次元におるということじゃ。
ワシがどこでも自由に行けるのは
ワシら小人族は人間族よりも
より神に近いからじゃ。

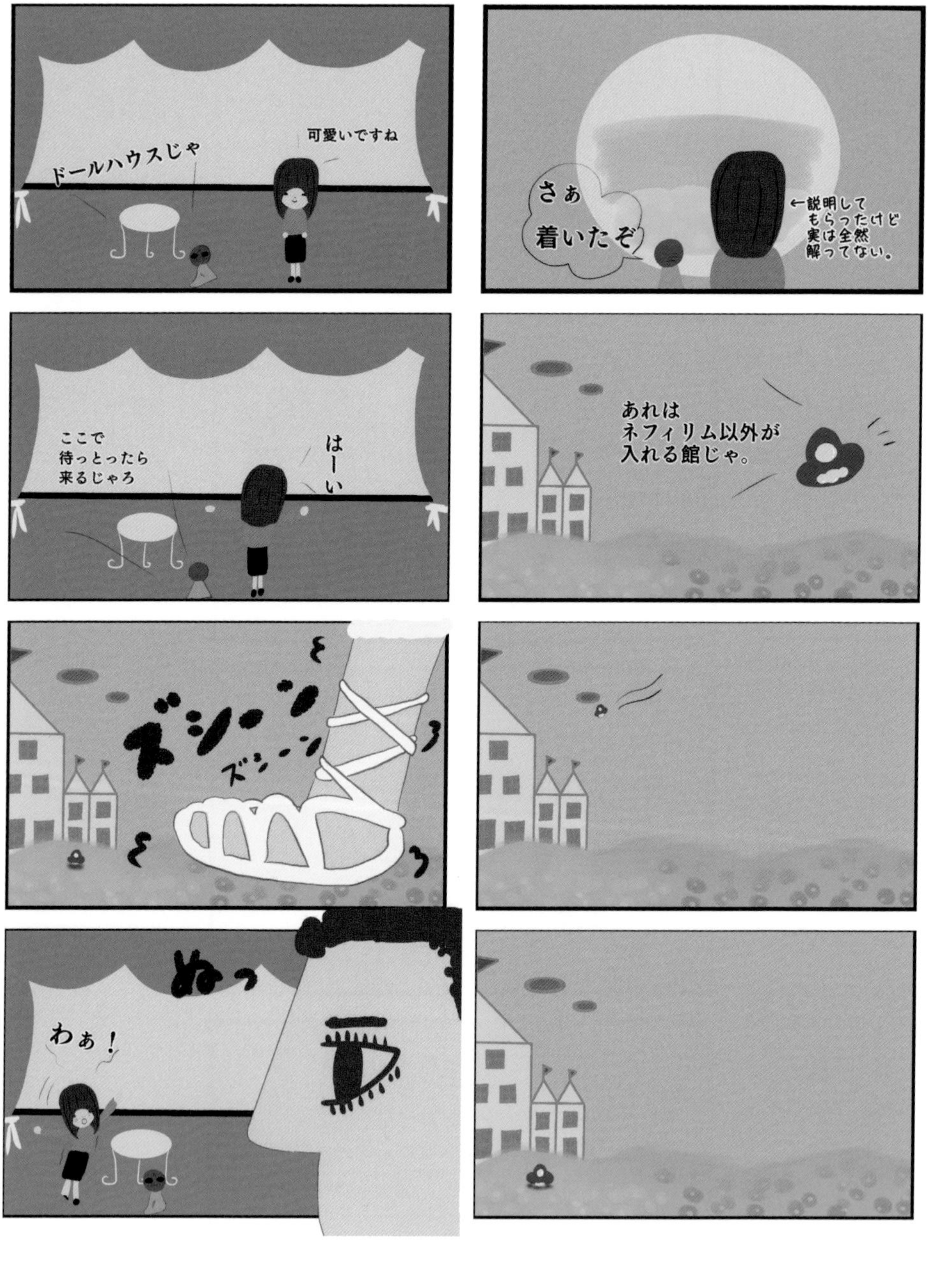

さぁ着いたぞ
←説明してもらったけど実は全然解ってない。
あれはネフィリム以外が入れる館じゃ。
ドールハウスじゃ
可愛いですね
ここで待っとったら来るじゃろ
はーい
ズシーン
ズシーン
ぬっ
わぁ！

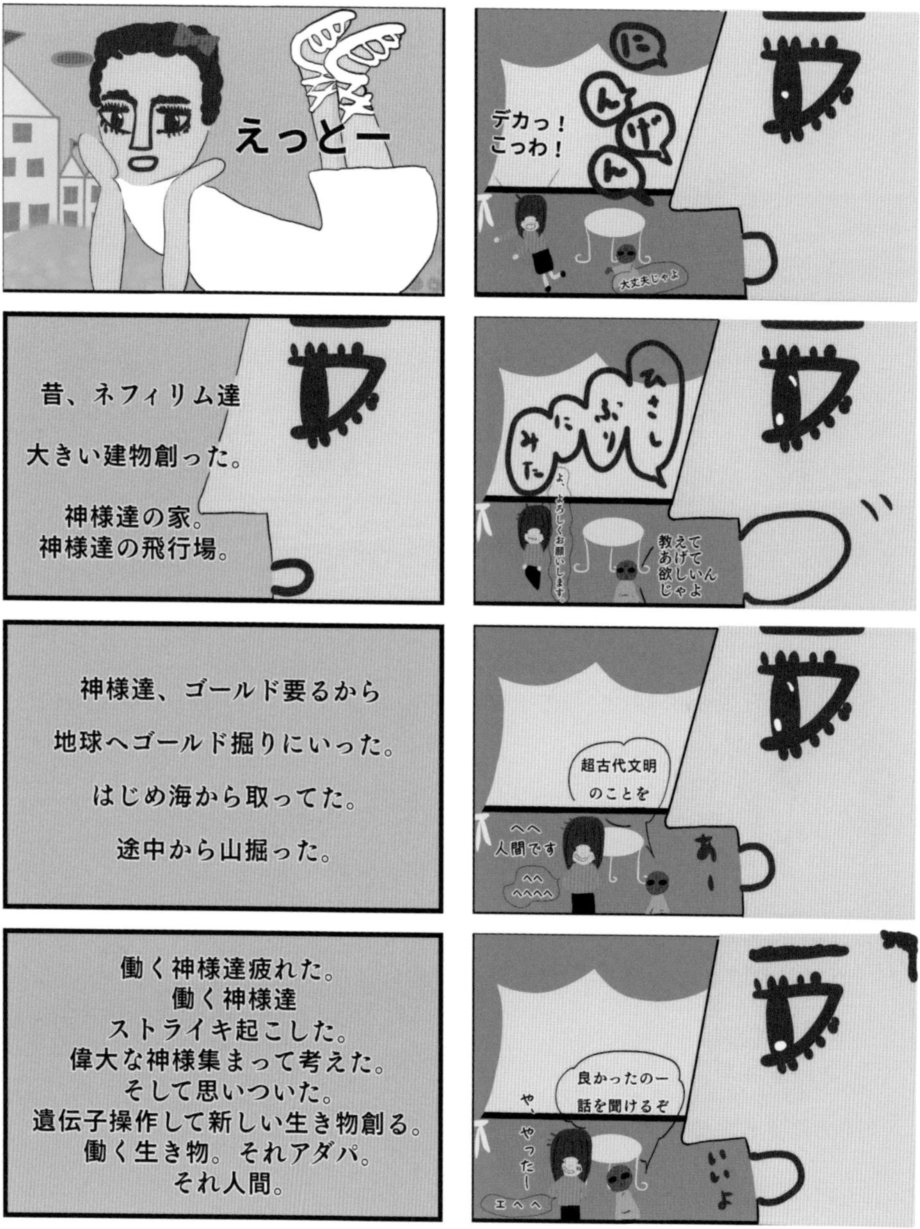
にんげん
デカっ！
こっわ！
大丈夫じゃよ
ひさしぶりにみた
よ、よろしくお願いします。
教えてあげて欲しいんじゃよ
超古代文明のことを
へへ人間です
へへへへへへ
あー
良かったのー話を聞けるぞ
や、やったー
エヘヘ
いいよ
えっとー
昔、ネフィリム達
大きい建物創った。
神様達の家。
神様達の飛行場。
神様達、ゴールド要るから
地球へゴールド掘りにいった。
はじめ海から取ってた。
途中から山掘った。
働く神様達疲れた。
働く神様達
ストライキ起こした。
偉大な神様集まって考えた。
そして思いついた。
遺伝子操作して新しい生き物創る。
働く生き物。それアダパ。
それ人間。

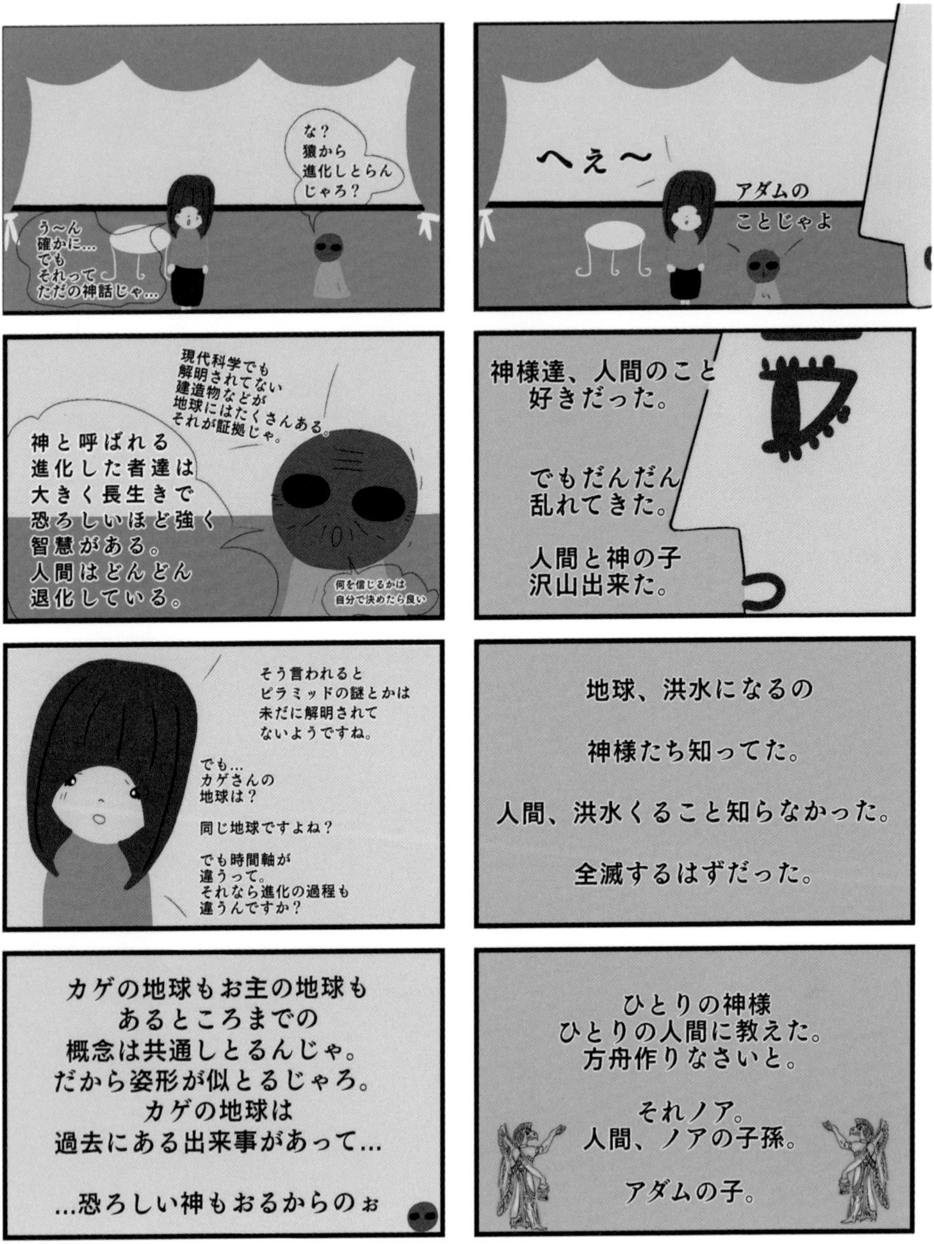

な？
猿から
進化しとらん
じゃろ？
う〜ん
確かに…
でも
それって
ただの神話じゃ…
現代科学でも
解明されてない
建造物などが
地球にはたくさんある。
それが証拠じゃ。
神と呼ばれる
進化した者達は
大きく長生きで
恐ろしいほど強く
智慧がある。
人間はどんどん
退化している。
何を信じるかは
自分で決めたら良い
そう言われると
ピラミッドの謎とかは
未だに解明されて
ないようですね。
でも…
カゲさんの
地球は？
同じ地球ですよね？
でも時間軸が
違うって。
それなら進化の過程も
違うんですか？
カゲの地球もお主の地球も
あるところまでの
概念は共通しとるんじゃ。
だから姿形が似とるじゃろ。
カゲの地球は
過去にある出来事があって…
…恐ろしい神もおるからのぉ
へえ〜
アダムの
ことじゃよ
神様達、人間のこと
好きだった。
でもだんだん
乱れてきた。
人間と神の子
沢山出来た。
地球、洪水になるの
神様たち知ってた。
人間、洪水くること知らなかった。
全滅するはずだった。
ひとりの神様
ひとりの人間に教えた。
方舟作りなさいと。
それノア。
人間、ノアの子孫。
アダムの子。

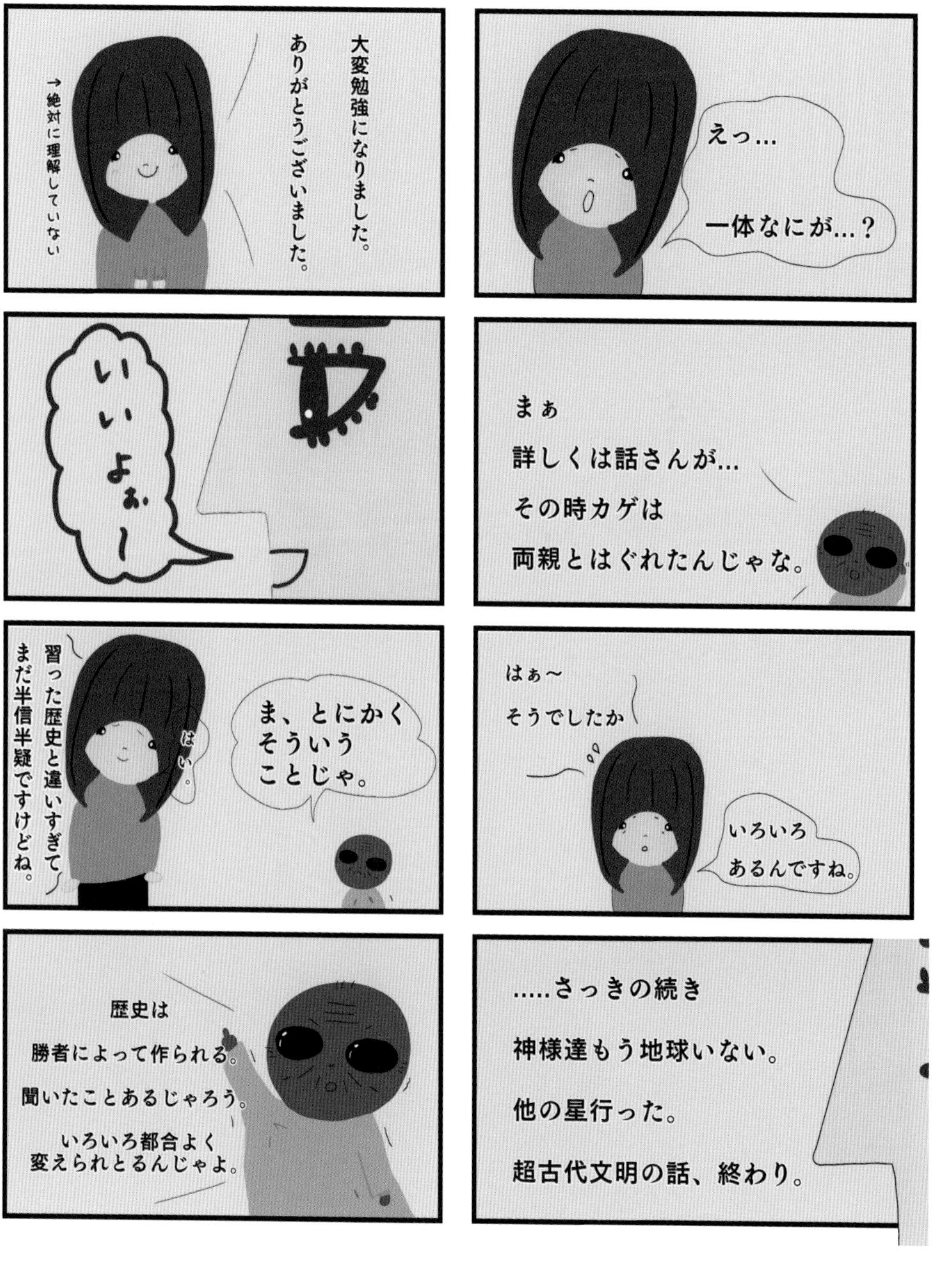
大変勉強になりました。
ありがとうございました。
→絶対に理解していない
えっ…
一体なにが…?
いいよぉ〜
まぁ
詳しくは話さんが…
その時カゲは
両親とはぐれたんじゃな。
習った歴史と違いすぎて
まだ半信半疑ですけどね。
はい。
ま、とにかく
そういう
ことじゃ。
はぁ〜
そうでしたか
いろいろ
あるんですね。
歴史は
勝者によって作られる。
聞いたことあるじゃろう。
いろいろ都合よく
変えられとるんじゃよ。
…..さっきの続き
神様達もう地球いない。
他の星行った。
超古代文明の話、終わり。

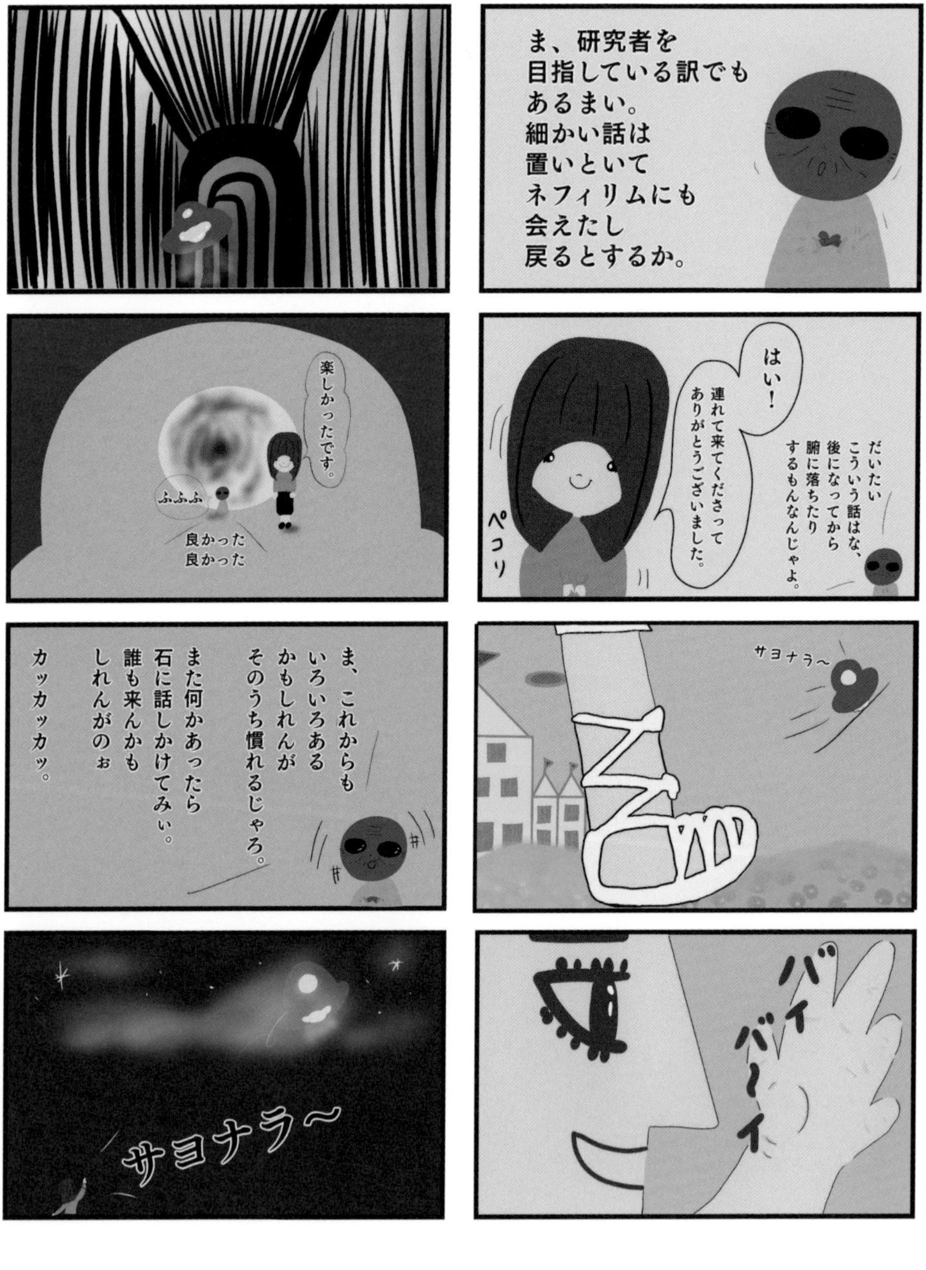

ま、研究者を
目指している訳でも
あるまい。
細かい話は
置いといて
ネフィリムにも
会えたし
戻るとするか。
はい！
連れて来てくださって
ありがとうございました。
ペコリ
だいたい
こういう話はな、
後になってから
腑に落ちたり
するもんなんじゃよ。
楽しかったです。
ふふふ
良かった
良かった
サヨナラ〜
ま、これからも
いろいろある
かもしれんが
そのうち慣れるじゃろ。
また何かあったら
石に話しかけてみぃ。
誰も来んかも
しれんがのぉ
カッカッカッ。
バイバ〜イ
サヨナラ〜

―6―

ぴーちい

ヘムと別れ、ひと段落したところで
地球観察協会からの使者が現れる。
はっきりしないマルミに喝を入れてくれるが・・・

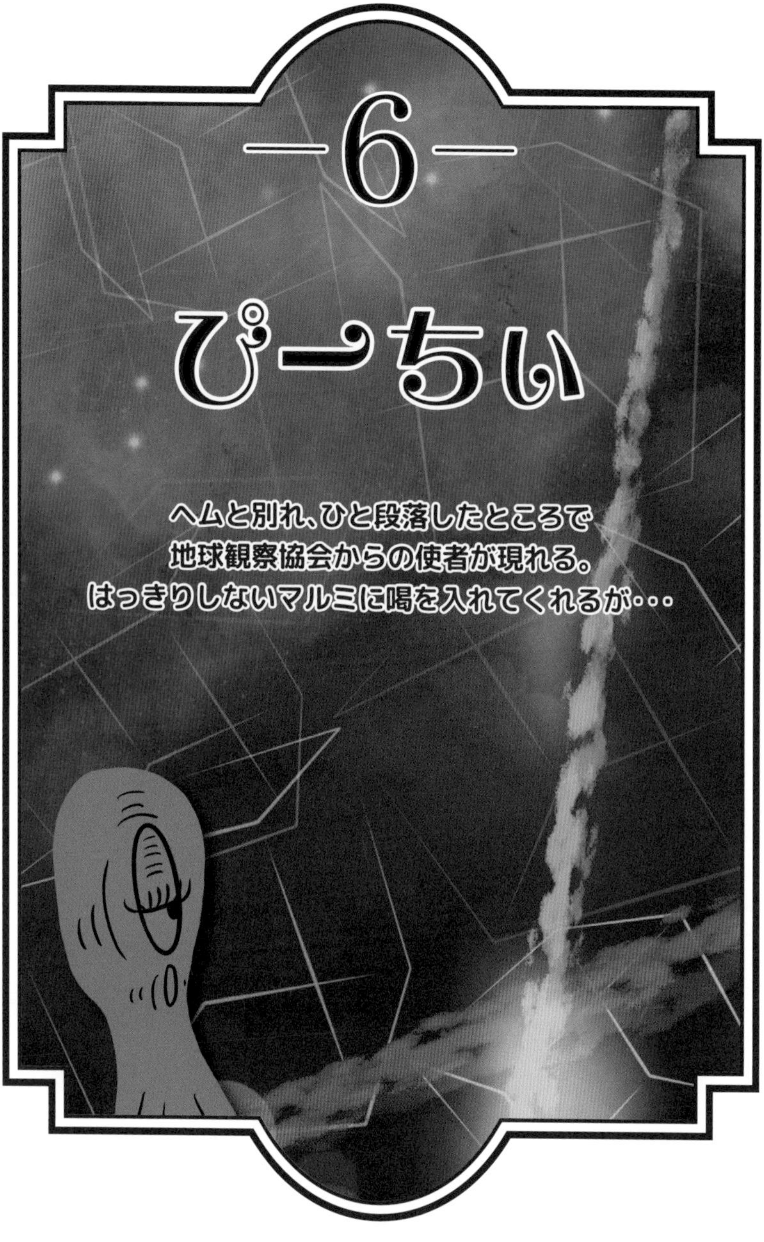

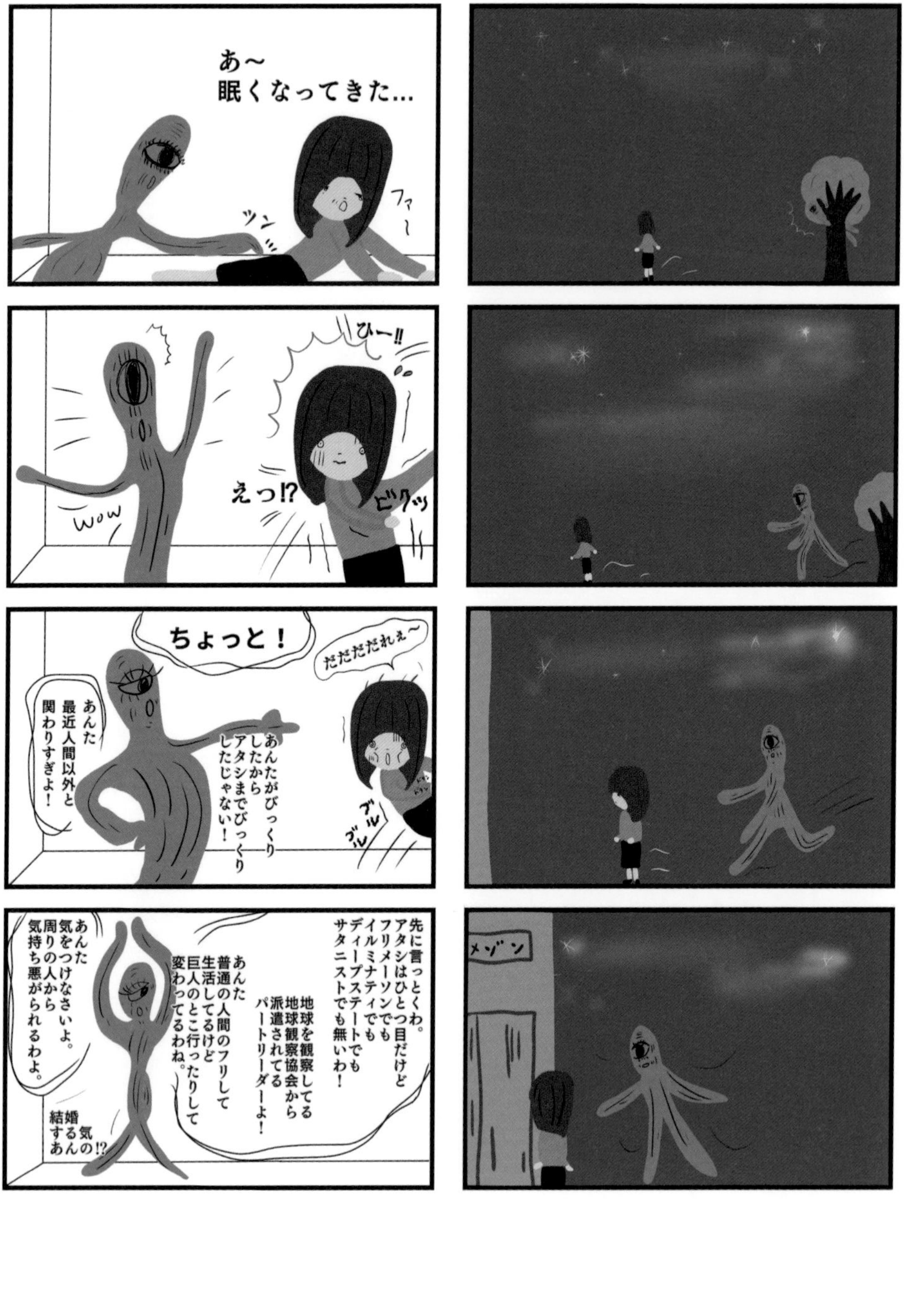

メゾン
あ～
眠くなってきた…
ツン
ファ～
ひー!!
えっ!?
ビクッ
WOW
ちょっと！
だだだだれぇ～
あんたがびっくりしたからアタシまでびっくりしたじゃない！
あんた最近人間以外と関わりすぎよ！
ブルブル
先に言っとくわ。アタシはひとつ目だけどフリメーソンでもイルミナティでもディープステートでもサタニストでも無いわ！
地球を観察してる地球観察協会から派遣されてるパートリーダーよ！
あんた普通の人間のフリして生活してるけど巨人のとこ行ったりして変わってるわね。
あんた気をつけなさいよ。周りの人から気持ち悪がられるわよ。
結婚する気あんの!?

でもね
あんた
気持ち悪がられて
やめてるようじゃダメよ！
人の意見に
流されてるようじゃ～
そんなのダサいわ！
自分を貫いて死になさい
しかし、あんたは
確実に変な奴ね
普通に見える人間が
1番怪しいのよ
あんた人からバカにされても
気にしちゃダメよ。
あんたみたいに変な奴
珍しいんだから！
は、はい。
何なんだ!?
あんた最近人間以外と
付き合ってたから見てたのよ。
あんた人間なんだから
人間と付き合いなさいよ。
ま、そういうアタシも
こうやってあんたに
会いに来てるんだけどっ

でもね！
カッ
あんた
自分が変だって
認めたく
ないんでしょ!?
あんた、もっと
あんた自身のこと
知らないとダメよ！
もっと
自分のやりたいことに
のめり込みなさいよ！
誰に
遠慮
してんのよ
この壁が
やりたいことだとしたら
メリ
メリ
メリ
これくらいよ！
人に言われたから、とか
言ってんじゃないわよ。
あんたがやんのよ！
ポロ
ポロ
これくらいなのよ！
壁の中に入るぐらいの
常識を覆すレベルよ！
パリ
パリ

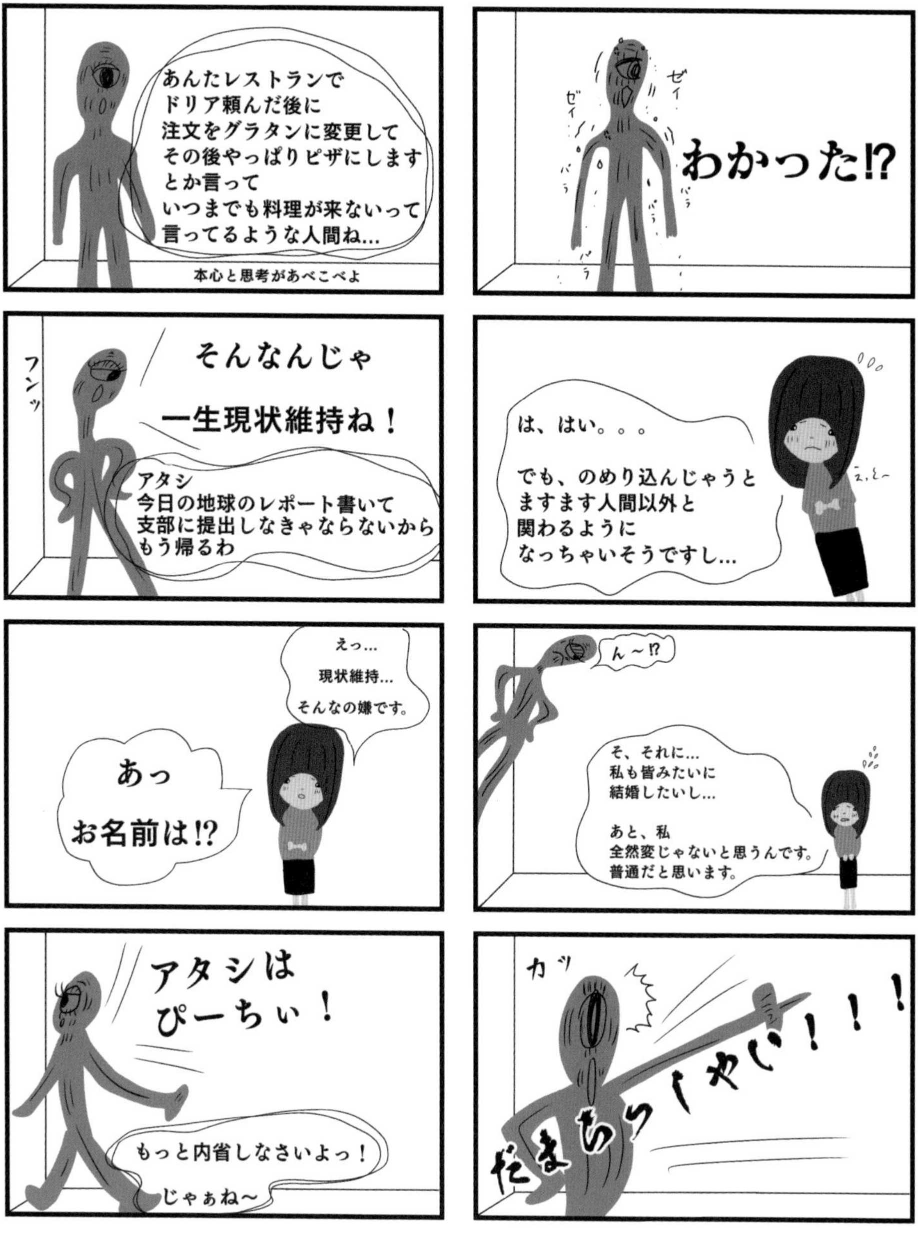
あんたレストランで
ドリア頼んだ後に
注文をグラタンに変更して
その後やっぱりピザにします
とか言って
いつまでも料理が来ないって
言ってるような人間ね…
本心と思考があべこべよ
ゼイ
ゼイ
わかった!?
パラ
パラ
パラ
パラ
フンッ
そんなんじゃ
一生現状維持ね！
アタシ
今日の地球のレポート書いて
支部に提出しなきゃならないから
もう帰るわ
は、はい。。。
でも、のめり込んじゃうと
ますます人間以外と
関わるように
なっちゃいそうですし…
えっと～
えっ…
現状維持…
そんなの嫌です。
あっ
お名前は!?
ん～!?
そ、それに…
私も皆みたいに
結婚したいし…
あと、私
全然変じゃないと思うんです。
普通だと思います。
アタシは
ぴーちぃ！
もっと内省しなさいよっ！
じゃぁね～
カッ
だまらっしゃい！！！

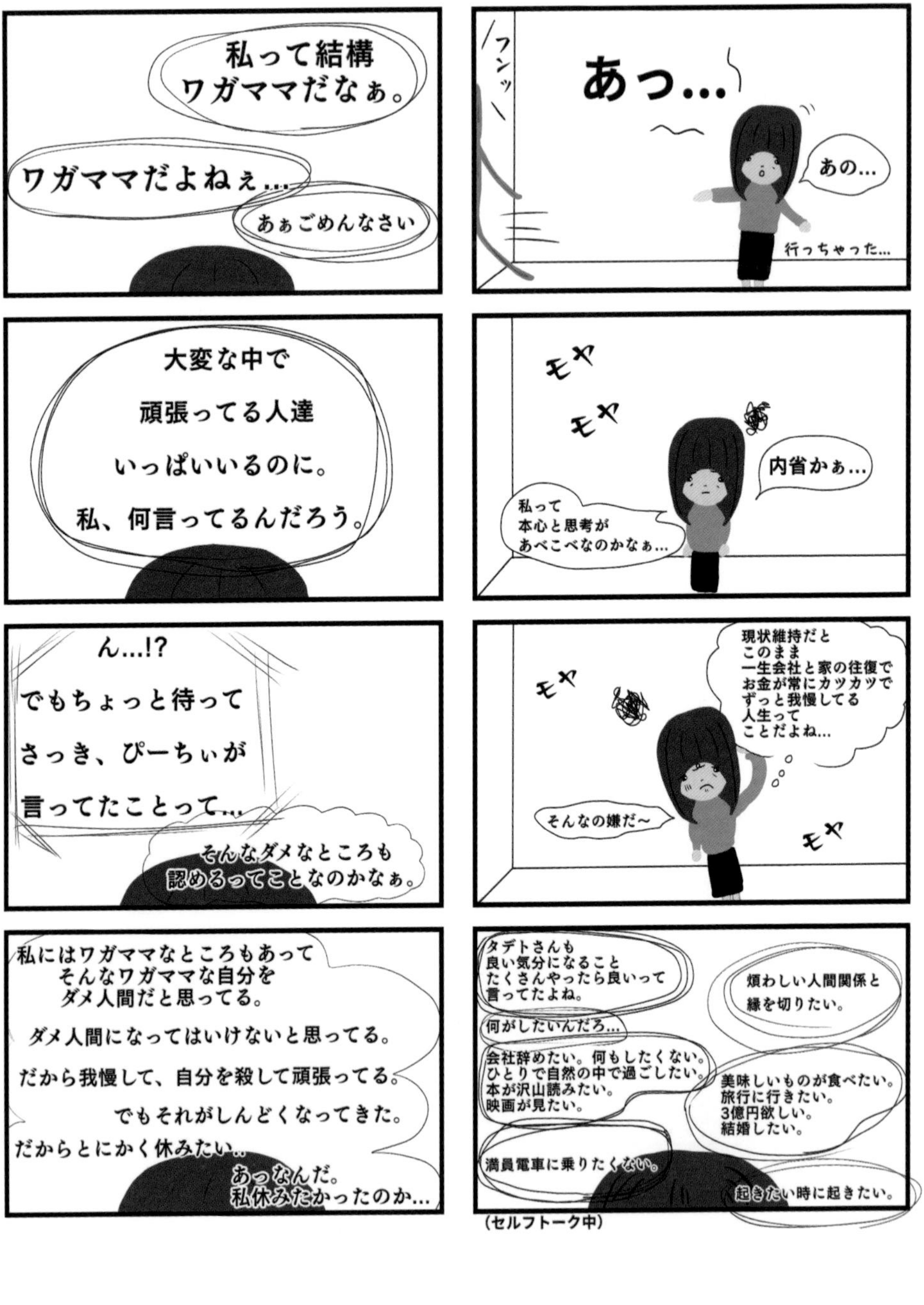
私って結構
ワガママだなぁ。
ワガママだよねぇ…。
あぁごめんなさい
大変な中で
頑張ってる人達
いっぱいいるのに。
私、何言ってるんだろう。
ん…!?
でもちょっと待って
さっき、ぴーちぃが
言ってたことって…
そんなダメなところも
認めるってことなのかなぁ。
私にはワガママなところもあって
そんなワガママな自分を
ダメ人間だと思ってる。
ダメ人間になってはいけないと思ってる。
だから我慢して、自分を殺して頑張ってる。
でもそれがしんどくなってきた。
だからとにかく休みたい…
あっなんだ。
私休みたかったのか…
フンッ
あっ…
あの…
行っちゃった…
モヤ
モヤ
内省かぁ…
私って
本心と思考が
あべこべなのかなぁ…
モヤ
現状維持だと
このまま
一生会社と家の往復で
お金が常にカツカツで
ずっと我慢してる
人生って
ことだよね…
そんなの嫌だ〜
モヤ
タデトさんも
良い気分になること
たくさんやったら良いって
言ってたよね。
何がしたいんだろ…
煩わしい人間関係と
縁を切りたい。
会社辞めたい。何もしたくない。
ひとりで自然の中で過ごしたい。
本が沢山読みたい。
映画が見たい。
美味しいものが食べたい。
旅行に行きたい。
3億円欲しい。
結婚したい。
満員電車に乗りたくない。
起きたい時に起きたい。
（セルフトーク中）

あははははははは
あの子バカなんじゃないの！
非常識だよね
ヤバ〜い！
また笑われた…
言わなきゃ良かった…
疲れた…
ガタンゴトン
明日も仕事かぁ〜ヤダなぁ
なんだ…
私、休みたかったのか…
感覚が麻痺してたのか…
そんなことにも気付けなくなってたなんて…
明日
有休お願いしてみようかな…
翌日
職場で
でさ〜
あの〜先輩…
有休を…と、とりたいのですが…
ドキドキ
忙しい時期に何言ってるの？
自分のことしか考えてないの？
私たちも申請してないのに
そんなことで話しかけないでくれる？早く仕事しなさいよ。
ス、スミマセン…

ぬ～
どうせ
私はバカだよ…
フワ～
笑われたし
情けないし
ブラックだし
何やってんだろ私…
シャッ
ヒー!!
何？
あんた
怒ってんの！？
慣れなさいよ
びっくりしたぁー
う、うん
ちょっと仕事で
いろいろと。
ふ～ん
まあ
聞かなくても
だいだい
分かるわ。
地球人のこと
観察してきたから。
で、あんた
どーすんのよ

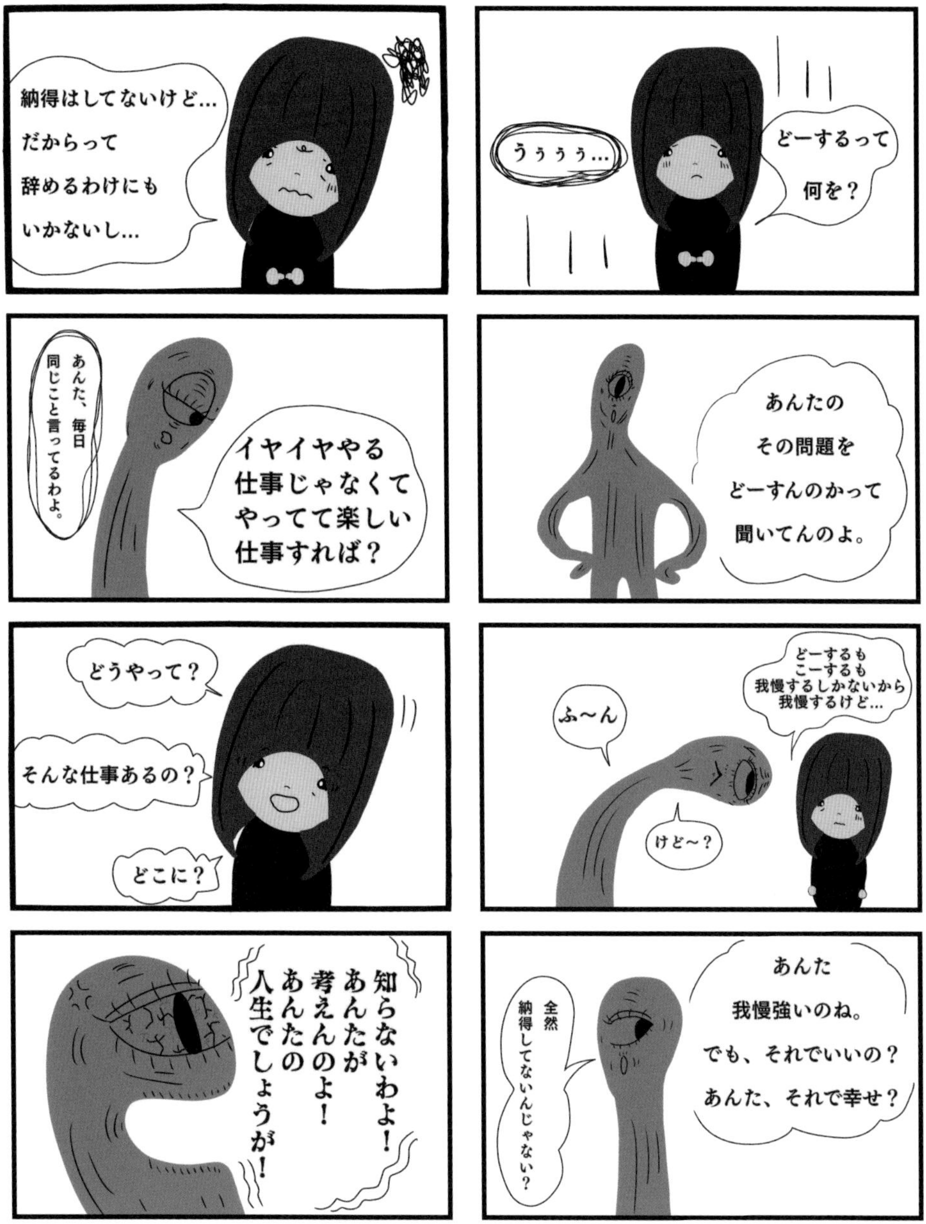
どーするって
何を？
うぅぅぅ…
あんたの
その問題を
どーすんのかって
聞いてんのよ。
どーするも
こーするも
我慢するしかないから
我慢するけど…
ふ～ん
けど～？
あんた
我慢強いのね。
でも、それでいいの？
あんた、それで幸せ？
全然
納得してないんじゃない？
納得はしてないけど…
だからって
辞めるわけにも
いかないし…
イヤイヤやる
仕事じゃなくて
やってて楽しい
仕事すれば？
あんた、毎日
同じこと言ってるわよ。
どうやって？
そんな仕事あるの？
どこに？
知らないわよ！
あんたが
考えんのよ！
あんたの
人生でしょうが！

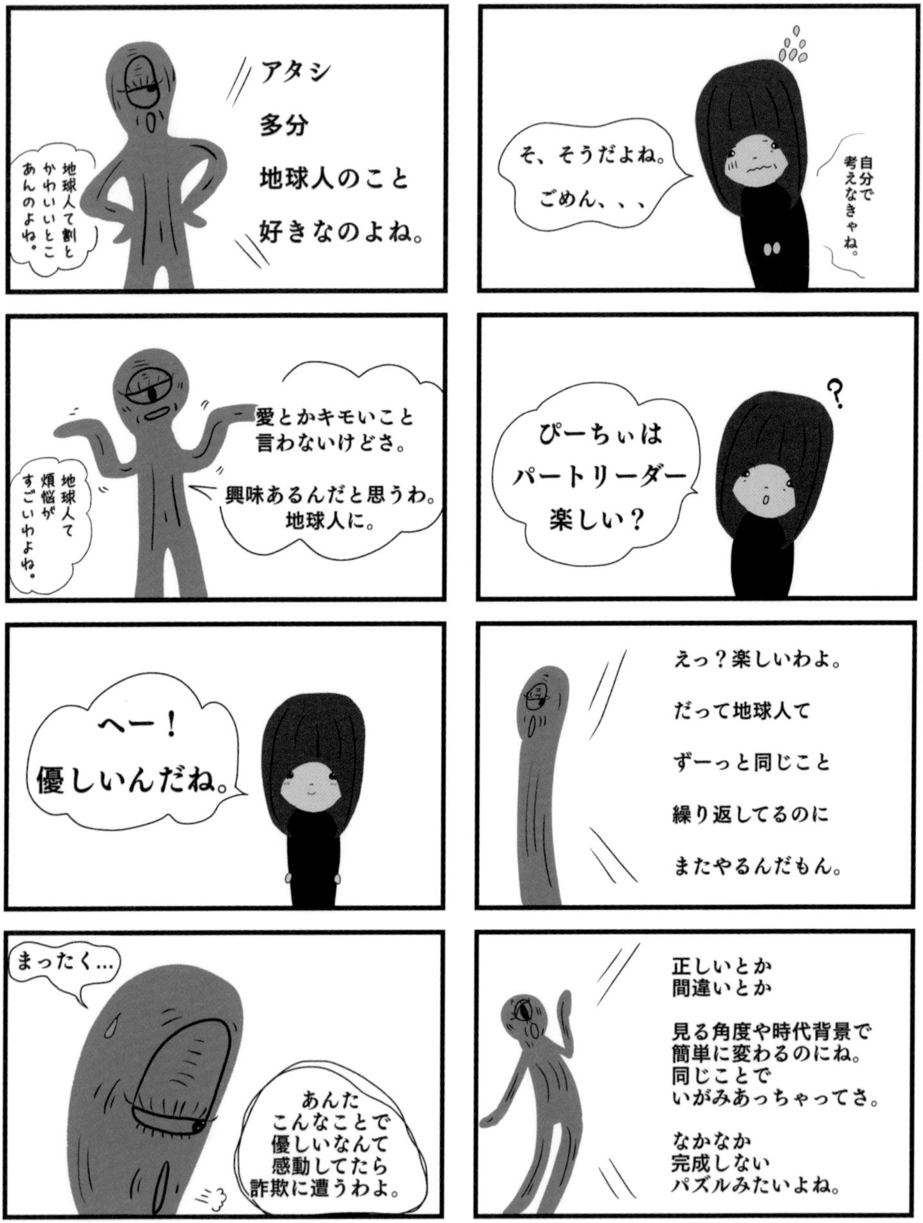
アタシ
多分
地球人のこと
好きなのよね。
地球人て割とかわいいとこあんのよね。
そ、そうだよね。
ごめん、、、
自分で考えなきゃね。
愛とかキモいこと
言わないけどさ。
興味あるんだと思うわ。
地球人に。
地球人て煩悩がすごいわよね。
ぴーちぃは
パートリーダー
楽しい？
?
へー！
優しいんだね。
えっ？楽しいわよ。
だって地球人て
ずーっと同じこと
繰り返してるのに
またやるんだもん。
まったく…
あんた
こんなことで
優しいなんて
感動してたら
詐欺に遭うわよ。
正しいとか
間違いとか
見る角度や時代背景で
簡単に変わるのにね。
同じことで
いがみあっちゃってさ。
なかなか
完成しない
パズルみたいよね。

ペカー
ん～？
あっ！
光ってる！
カゲさん!?
話の内容は
分からないけど…
なんかあんまり
良い雰囲気では
なさそう…

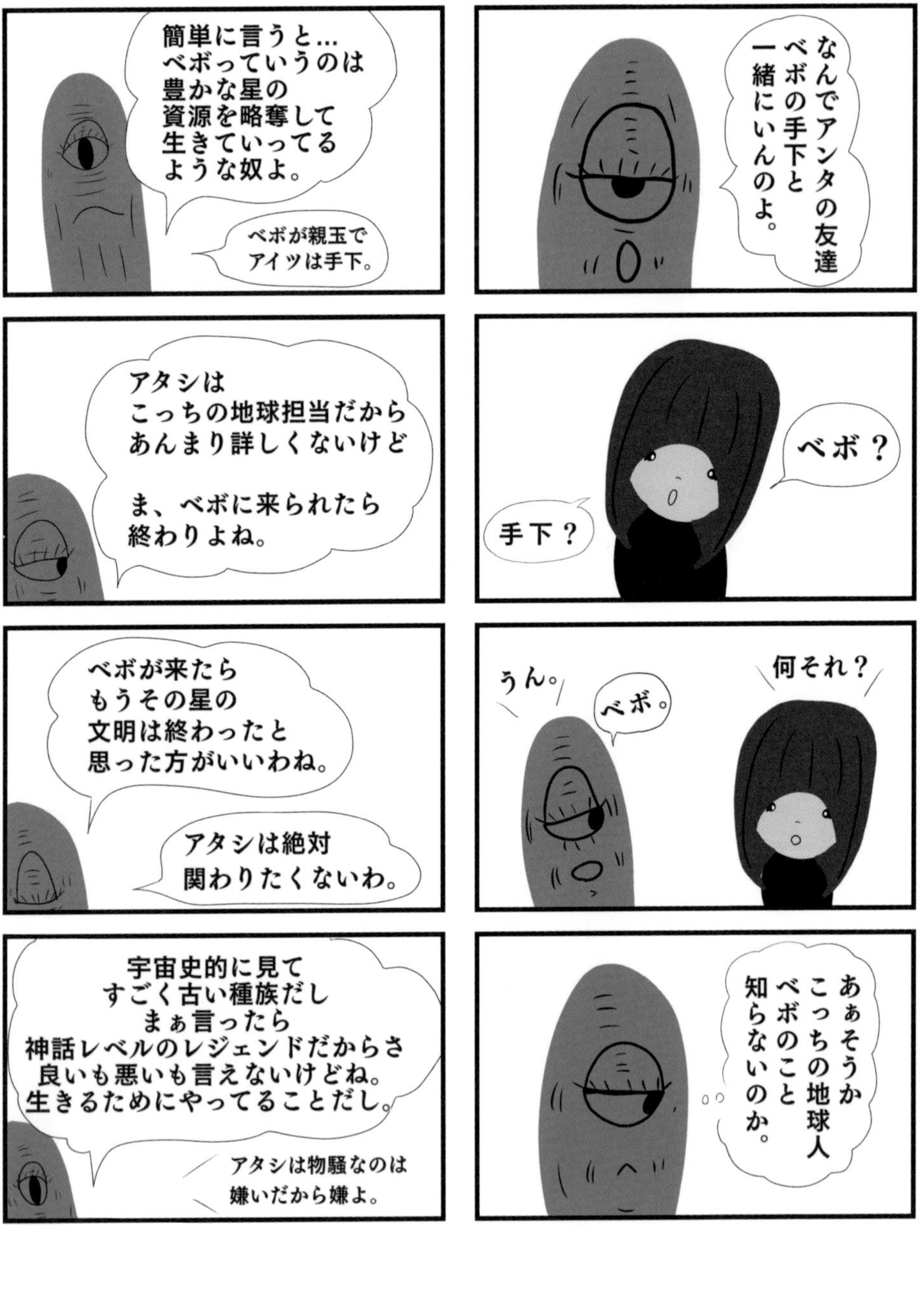
なんでアンタの友達ベボの手下と一緒にいんのよ。
ベボ？
手下？
何それ？
うん。
ベボ。
あぁそうかこっちの地球人ベボのこと知らないのか。
簡単に言うと…ベボっていうのは豊かな星の資源を略奪して生きていってるような奴よ。
ベボが親玉でアイツは手下。
アタシはこっちの地球担当だからあんまり詳しくないけど
ま、ベボに来られたら終わりよね。
ベボが来たらもうその星の文明は終わったと思った方がいいわね。
アタシは絶対関わりたくないわ。
宇宙史的に見てすごく古い種族だしまぁ言ったら神話レベルのレジェンドだからさ良いも悪いも言えないけどね。生きるためにやってることだし。
アタシは物騒なのは嫌いだから嫌よ。

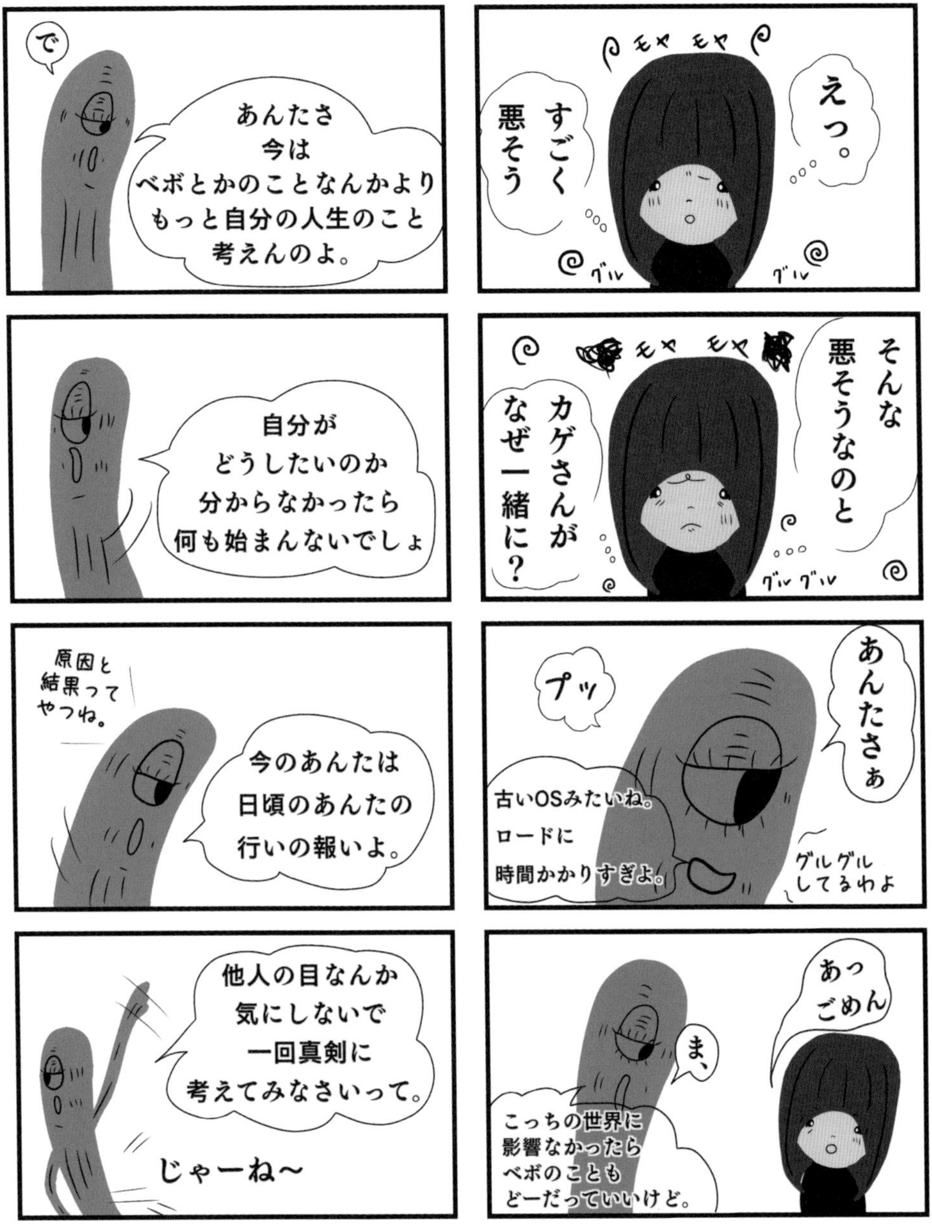
モヤ モヤ
えっ。
すごく悪そう
グル グル
モヤ モヤ
そんな悪そうなのと
カゲさんがなぜ一緒に？
グル グル
あんたさぁ
プッ
古いOSみたいね。ロードに時間かかりすぎよ。
グルグルしてるわよ
あっごめん
ま、
こっちの世界に影響なかったらベボのこともどーだっていいけど。
で
あんたさ今はベボとかのことなんかよりもっと自分の人生のこと考えんのよ。
自分がどうしたいのか分からなかったら何も始まんないでしょ
今のあんたは日頃のあんたの行いの報いよ。
原因と結果ってやつね。
他人の目なんか気にしないで一回真剣に考えてみなさいって。
じゃーね～

あっ…
帰るの…
わかった…
またね…
モゴモゴ
私…
どうしたいの!?
うっ…
全然思いつかない
考えすぎて吐きそう。
とりあえず…
寝よ。
ペカー
キラ
キラ

ぱわ〜ん
じ〜
ふあ〜
マルミちゃん！
ビク
ヒー
ビックリした〜
な、なんだ
タデトさんかぁ
ドクン
ドクン
久しぶり〜！
久しぶりだね！

さっそくなんだけど
マルミちゃん
ドクトルから
もらった石が
光ってるの見た？？
うん！見た！
1回目はオーシャン君。
2回目はカゲさん。
…なんか悪そうなのと一緒にいた。
3回目の光は
見てないんだね！
実はオーシャン君の海が大変で
ちょっと様子を
見に行こうと思ってて。
マルミちゃんも一緒に行こう！
う、うん。
分かった。
すぐ着替えるから
ちょっと待っててね！
大変って
何があったんだろ。
オーシャン君
大丈夫かなぁ
きがえた
オーシャンのいる世界
綺麗なとこだね！
うん
じ〜っ
じしっ
マ、、、ルミさん
えっ!?

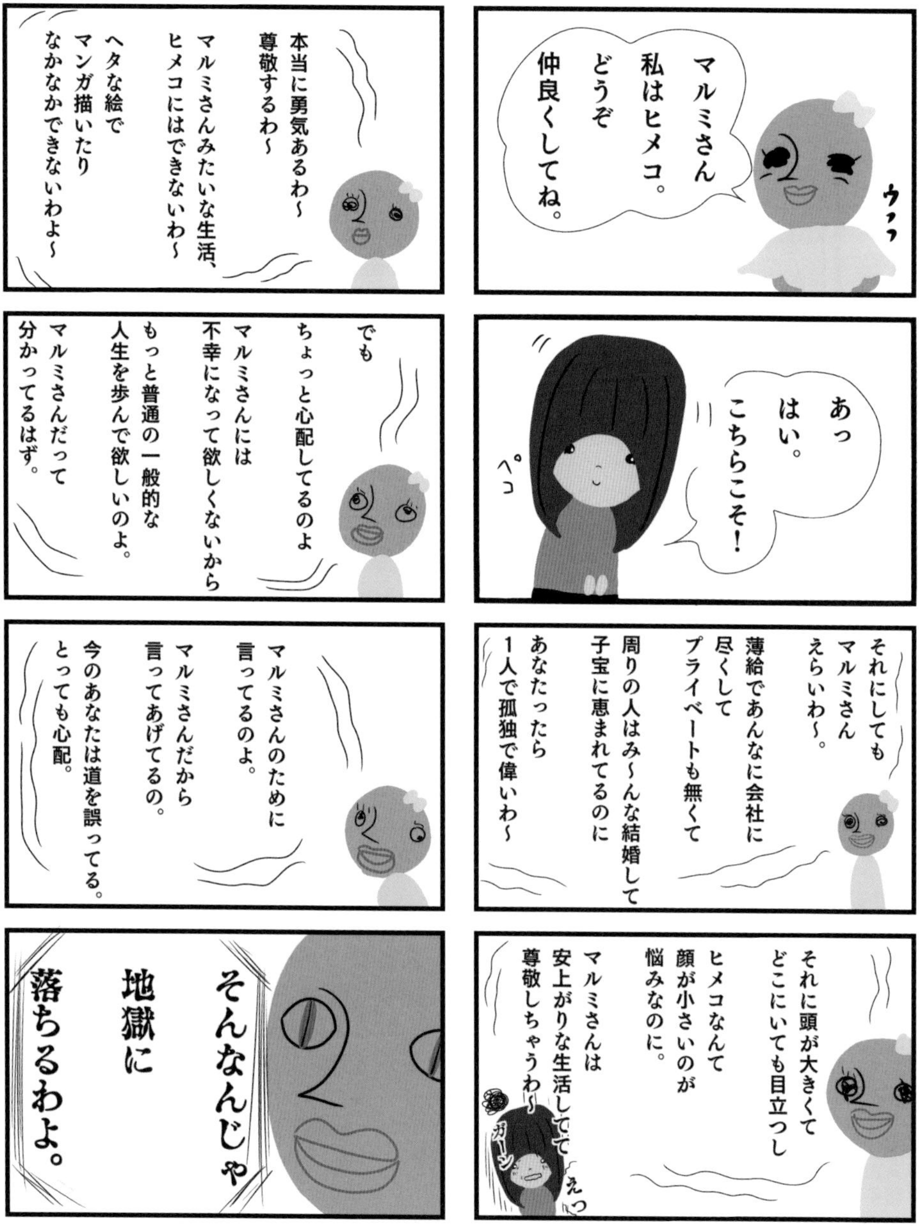
マルミさん
私はヒメコ。
どうぞ
仲良くしてね。
ウフフ
あっ
はい。
こちらこそ！
ペコ
それにしても
マルミさん
えらいわ～。
薄給であんなに会社に
尽くして
プライベートも無くて
周りの人はみ～んな結婚して
子宝に恵まれてるのに
あなたったら
1人で孤独で偉いわ～
それに頭が大きくて
どこにいても目立つし
ヒメコなんて
顔が小さいのが
悩みなのに。
マルミさんは
安上がりな生活してて
尊敬しちゃうわ～
ガーン
えっ
本当に勇気あるわ～
尊敬するわ～
マルミさんみたいな生活、
ヒメコにはできないわ～
ヘタな絵で
マンガ描いたり
なかなかできないわよ～
でも
ちょっと心配してるのよ
マルミさんには
不幸になって欲しくないから
もっと普通の一般的な
人生を歩んで欲しいのよ。
マルミさんだって
分かってるはず。
マルミさんのために
言ってるのよ。
マルミさんだから
言ってあげてるの。
今のあなたは道を誤ってる。
とっても心配。
そんなんじゃ
地獄に
落ちるわよ。

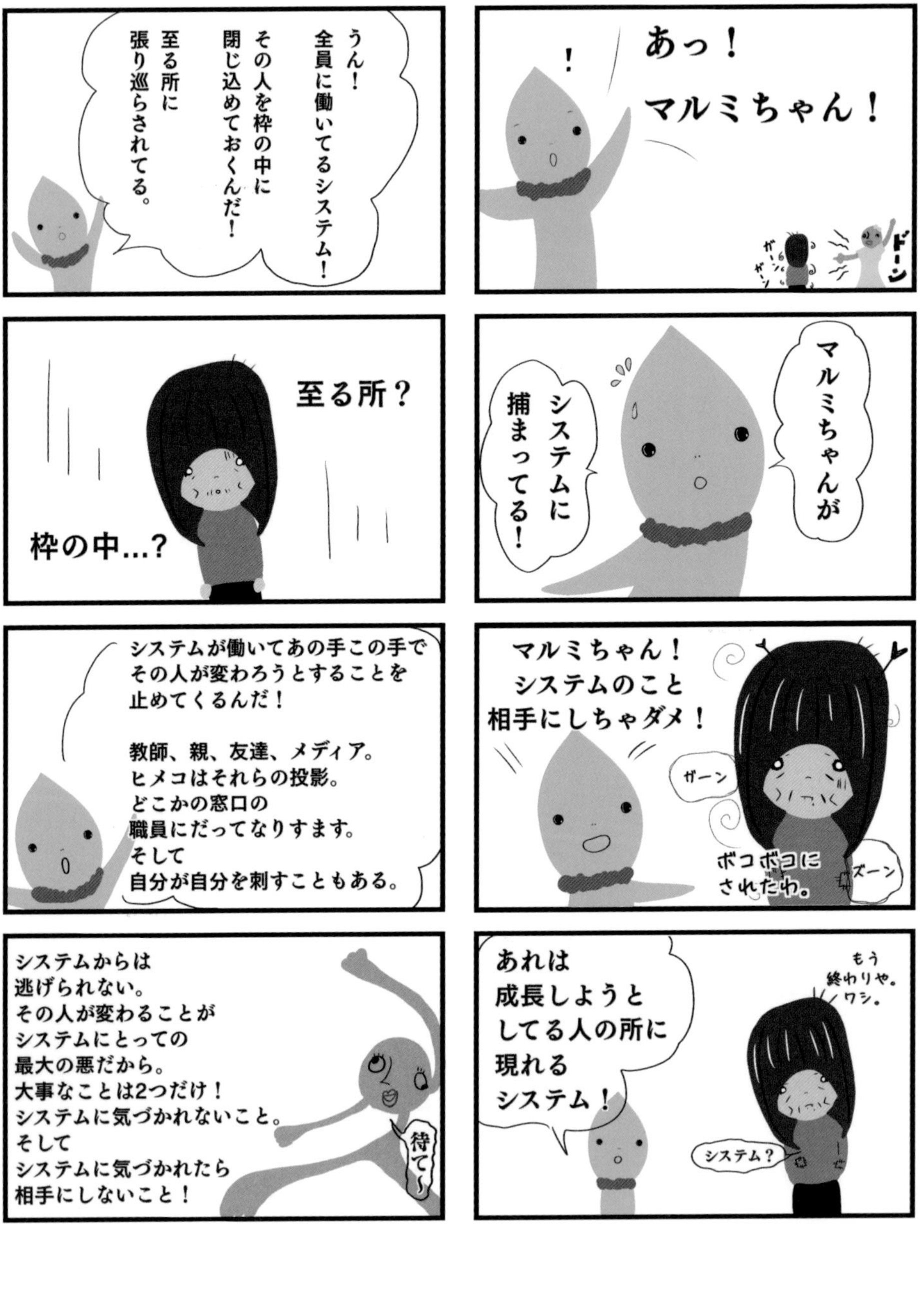
!
あっ！
マルミちゃん！
ドーン
マルミちゃんが
システムに捕まってる！
マルミちゃん！
システムのこと
相手にしちゃダメ！
ガーン
ボコボコにされたわ。
ズーン
あれは
成長しようと
してる人の所に
現れる
システム！
もう
終わりや。
ワシ。
システム？
うん！
全員に働いてるシステム！
その人を枠の中に
閉じ込めておくんだ！
至る所に
張り巡らされてる。
至る所？
枠の中…？
システムが働いてあの手この手で
その人が変わろうとすることを
止めてくるんだ！
教師、親、友達、メディア。
ヒメコはそれらの投影。
どこかの窓口の
職員にだってなりすます。
そして
自分が自分を刺すこともある。
システムからは
逃げられない。
その人が変わることが
システムにとっての
最大の悪だから。
大事なことは2つだけ！
システムに気づかれないこと。
そして
システムに気づかれたら
相手にしないこと！
待て〜

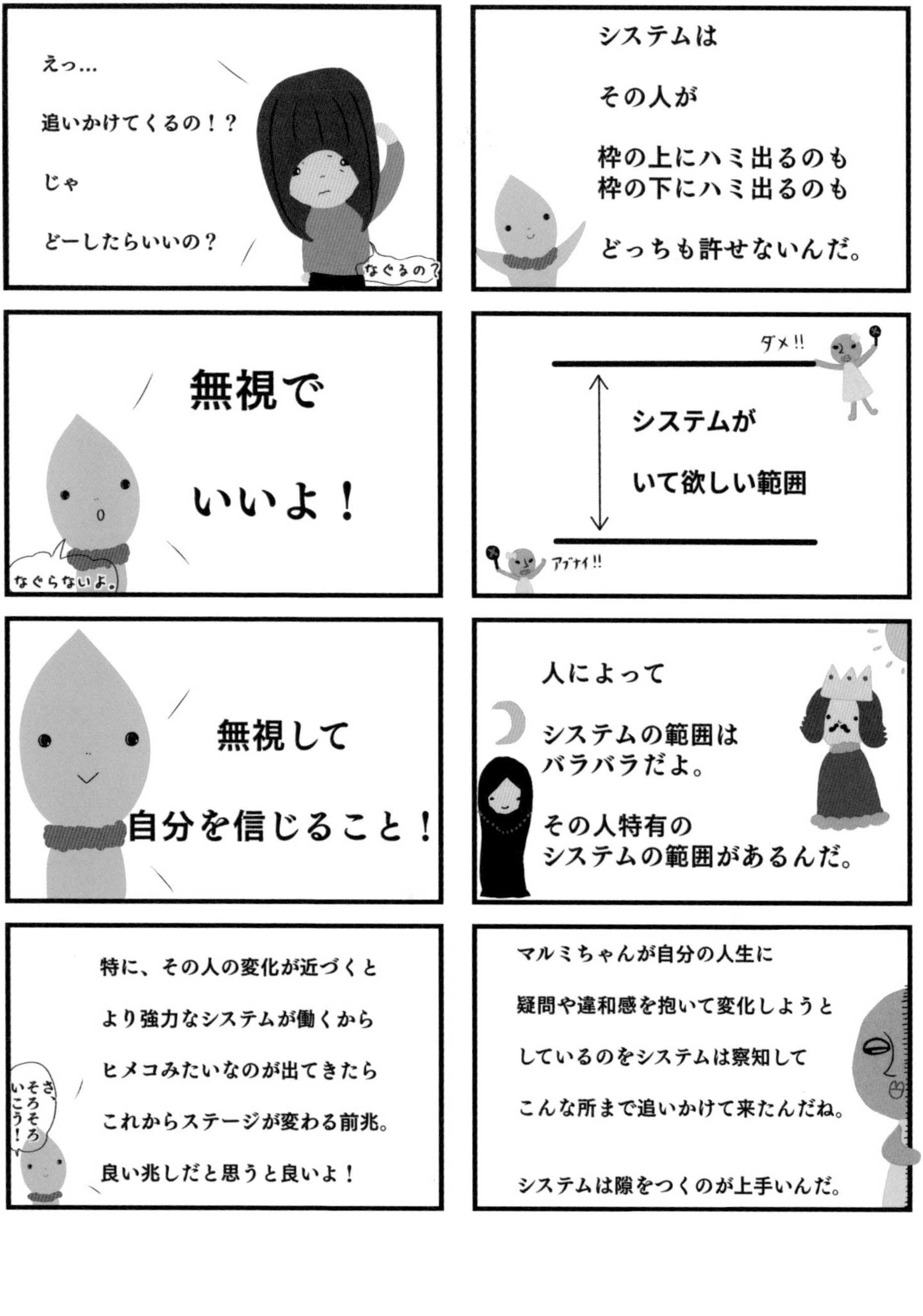
えっ…
追いかけてくるの！？
じゃ
どーしたらいいの？
なぐるの？
システムは
その人が
枠の上にハミ出るのも
枠の下にハミ出るのも
どっちも許せないんだ。
無視で
いいよ！
なぐらないよ。
ダメ!!
システムが
いて欲しい範囲
アブナイ!!
無視して
自分を信じること！
人によって
システムの範囲は
バラバラだよ。
その人特有の
システムの範囲があるんだ。
特に、その人の変化が近づくと
より強力なシステムが働くから
ヒメコみたいなのが出てきたら
これからステージが変わる前兆。
良い兆しだと思うと良いよ！
さ、そろそろいこう！
マルミちゃんが自分の人生に
疑問や違和感を抱いて変化しようと
しているのをシステムは察知して
こんな所まで追いかけて来たんだね。
システムは隙をつくのが上手いんだ。

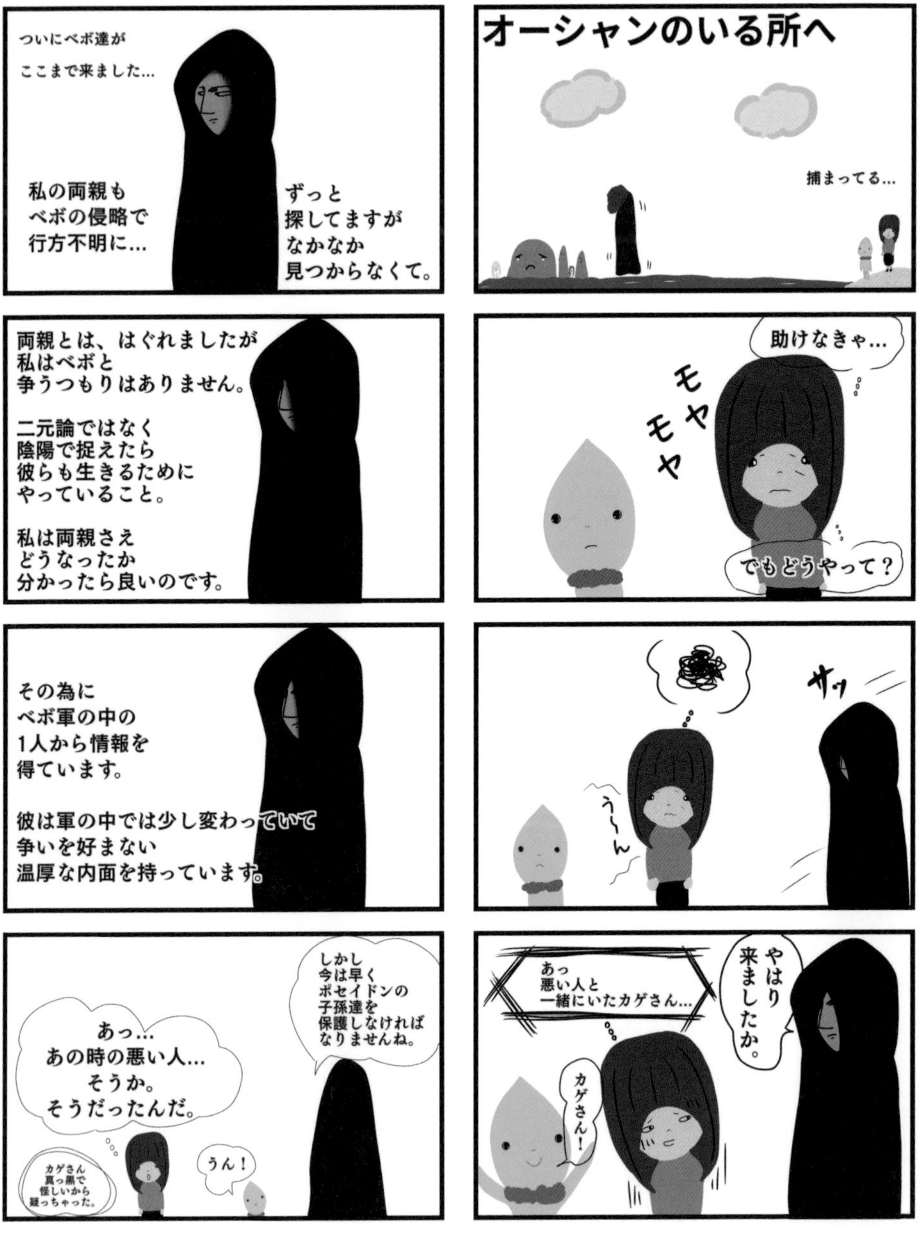
オーシャンのいる所へ
捕まってる…
助けなきゃ…
モヤモヤ
でもどうやって？
サッ
う〜ん
やはり来ましたか。
あっ悪い人と一緒にいたカゲさん…
カゲさん！
ついにベボ達がここまで来ました…
私の両親もベボの侵略で行方不明に…
ずっと探してますがなかなか見つからなくて。
両親とは、はぐれましたが私はベボと争うつもりはありません。
二元論ではなく陰陽で捉えたら彼らも生きるためにやっていること。
私は両親さえどうなったか分かったら良いのです。
その為にベボ軍の中の1人から情報を得ています。
彼は軍の中では少し変わっていて争いを好まない温厚な内面を持っています。
しかし今は早くポセイドンの子孫達を保護しなければなりませんね。
あっ…あの時の悪い人…そうか。そうだったんだ。
カゲさん真っ黒で怪しいから疑っちゃった。
うん！

黙れ。
コソッ
私が呪文で助けます。
ほえ〜
ん!?
ゴニョゴニョ
お前
ゴニョゴニョ
し、しまった
すぐ見つかってしまった…
えっ!?
ゴニョゴニョ
フワ〜
強力な呪文だ。
ゴニョゴニョゴニョ

石を見てごらん。
えっ？
石？
あっ！
光ってる！
ピカ
ピカ
後ろ見てごらん。
えっ？
後ろ？
わっ！
助けに来てくれたの!?
結局、全員捕まってしまった。
見えない
バリア
あっ…
あの…
助けにきてくれて
あり..がとうでやす。
すみません…
なんか
あっしも
ごめん
大丈夫だよ！
全然
大丈夫です。
大丈夫じゃ無いけど。
タデトさん
どうしよ。
ん？
大丈夫だよ！
えっ
根拠は？
謎の
ポジティブ
シンキング…
マルミちゃん！
大丈夫だよ！

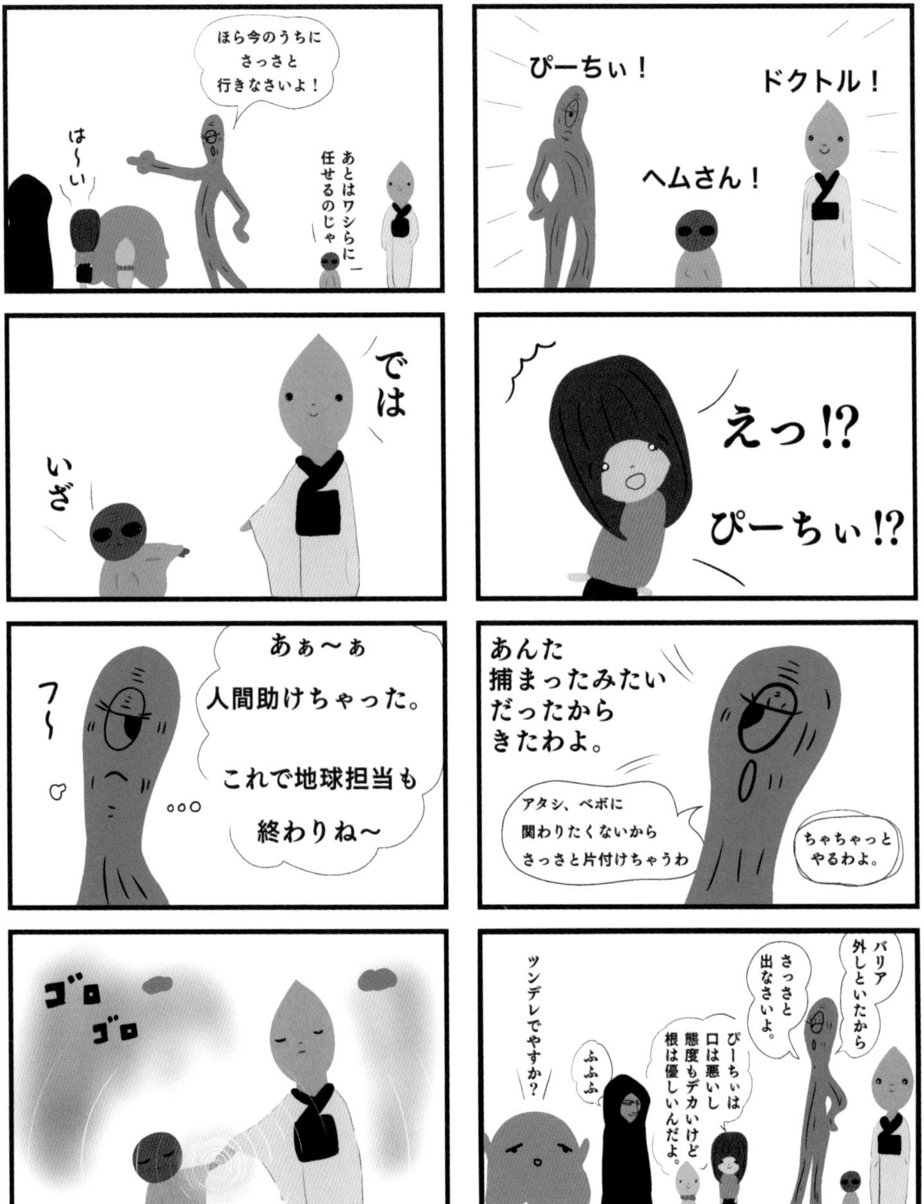
ドクトル！
ヘムさん！
ぴーちぃ！
あとはワシらに任せるのじゃ
ほら今のうちにさっさと行きなさいよ！
は〜い
ぴーちぃ!?
えっ!?
では
いざ
あんた捕まったみたいだったからきたわよ。
ちゃちゃっとやるわよ。
アタシ、ベボに関わりたくないからさっさと片付けちゃうわ
あぁ〜ぁ 人間助けちゃった。
これで地球担当も終わりね〜
フ〜
バリア外しといたから
さっさと出なさいよ。
ぴーちぃは口は悪いし態度もデカいけど根は優しいんだよ。
ふふふ
ツンデレでやすか？
ゴロゴロ

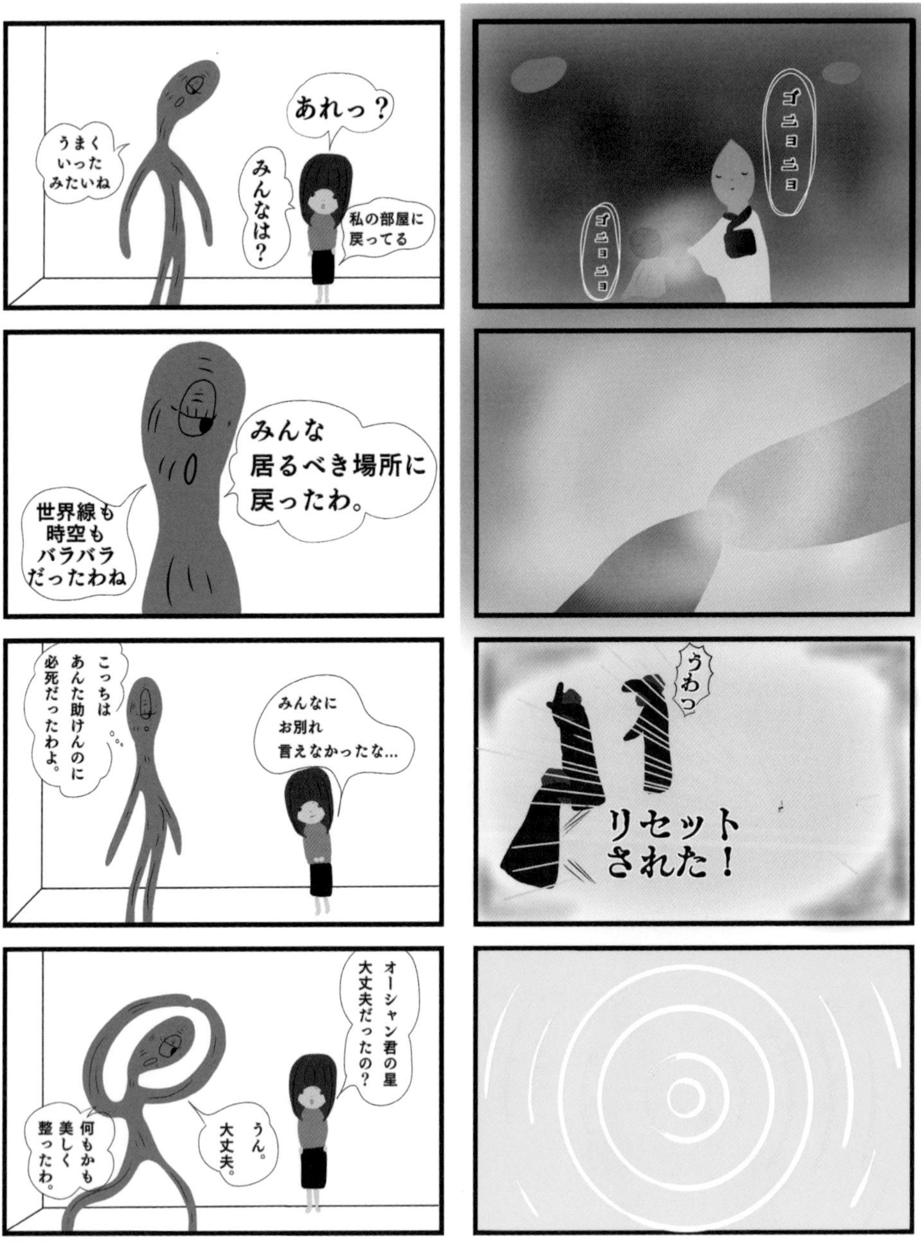
ゴニョニョ
ゴニョニョ
うわっ
リセットされた！
あれっ？
私の部屋に戻ってる
みんなは？
うまくいったみたいね
みんな居るべき場所に戻ったわ。
世界線も時空もバラバラだったわね
みんなにお別れ言えなかったな…
こっちはあんた助けんのに必死だったわよ。
オーシャン君の星大丈夫だったの？
うん。大丈夫。
何もかも美しく整ったわ。

何だかよく分からないけど
もう二度と
会えないような気がする。
…気のせいだよね！
そっか！
それなら
よかった！
負けずに
やってくのよ。
アタシも
違う星で
ボチボチやってくわ。
あんたも
目の前のことに
集中して
やってきなさいよ。
あんたがいる世界は
感情が反映されてる
世界だからさ、自分が
やりたいことやんのよ。
おまけ
オーシャンは
仲間といつまでも
幸せに過ごしました。
うん。
分かった。
タデトさんも
同じようなこと
言ってたな…
カゲさんは探していた
両親に会えて、いつまでも
幸せに過ごしました。
めでたし
めでたし
じゃっねー
またねー

宇宙人だと思ったらオシリスだった話

日常的な私の神秘体験

この話は自分自身でも「相当ぶっ飛んだ話だな」と思っていて、「こじつけ」だと言われたらそれで済む話だし「馬鹿じゃないの？」と思われても仕方ないなと思ってます。

それは一体何なのかと申しますと、まず私はゆっくりリラックスしている時なんかに、何かが急に頭の中に飛び込んで来ることがあるんです。ビジョンみたいなものが見えるのです。起きているので夢じゃないです。皆さんはありますか？私にはよくあります。と言っても、霊が見えたりすることはありません。オーラも分からないです。ただビジョンが飛び込んで来るのです。

ある日、後頭部がすごーく長い両手に何か持った男性がヒラヒラした衣をまとって飛んでるような姿が飛び込んできました。そしてその後、ＴＡＢＩＴＯ……ＴＡＤＥＴＯという文字が見えて消えていったのです。私は、「えらい頭の長い人が見えたな～」と思ってそれほど気にしていませんでした。言葉の方が気になったのでネットで検索してみました。何やらタビト星というのがオリオン座にあるようで「ふ～ん」ぐらいに思ってました。

その後に、その出来事とは関係なく小学生の頃見たベランダの宇宙人のことと、山で出会った光の塊のことをベースにしてマンガを描き始めることにしたので「キャラクターと名前をどうしよかな～」と考えていました。「あ、この前、頭の長い人が見えたからそれをちょっと短めにして、頭がとんがったキャラクターにしよう」と考え、「名前は……タデトさんでいっか」となり、今ではお蔵入りとなった1作目の『宇宙人タデトさん』が完成しました。1作目ではタデトさんはオリオン座タビト星から来た設定になっていました。

その後、すっかり頭の長い人のことは忘れ去っていたのですが、エジプト展が開催された時に観覧した後、図録を購入して帰り、そして家に帰ってパラパラとページをめくっていると、見覚えのあるフォルムが目についたのです。「あれ？この人、両手に何か持ったあの頭の長い人だ」と思いました。そして解説を読むと『オシリス』と書いてありました。私は固まり、脳はフリーズしてリロードしていました。「え？私あの時オシリスが見えてたの？」となりました。お恥ずかしい話、私はピラミッドの謎が好きでよく本を読んだりしていたのですが、肝心のエジプト神話にはあまり興味がなく知識がなかったためにまたネットで検索しました。ちなみに頭が長いんじゃなくて帽子？みたいなものをかぶっていたのですね。失礼いたしました。ネットでは『冥府の王　オシリスはオリオン座を神格化したもの』と書いてありました。その時、私は「タデトさんて、オシリスだったの？」と思いましたが、「いやいやオシリスからの使者かも」「いやいや関係ないない。私大丈夫か？」などいろいろグルグルと考えました。

結局今では、やっぱりタデトさんはオシリスと何か関係があったんじゃないかという自説が有力になってきています。真相は闇の中ですが、タデトさんはオシリスからの使者だと思ってる方が夢とロマンがあっていいなと思っています。

こじつけついでに書きますと、ヒカルランドさんとのミーティングがある10日くらい前から不思議なことがありました。風のない大雨の日に、普段虫が来ることなんてほとんど無い集合住宅の上の方の階の我が家の玄関に立派なトノサマバッタがやってきて、2泊して元気に飛び立って行ったり、オケラが来たり、スズムシが来ました。あとは、玄関に同じバラを飾っていた2つの花瓶のうちの1つだけ水が一晩でカラカラに無くなっていたり、私が朝5時頃目覚めてリビングでボ~ッとしていたら、邪馬台国時代を彷彿とさせる服とヘアースタイルをした男性が壁を通り抜けていくのが見えたりしました。

全部こじつけといえばこじつけ。たまたまといえばたまたま。気のせいといえば気のせいですが、そんなことがありました。可笑しいですね。

—7—

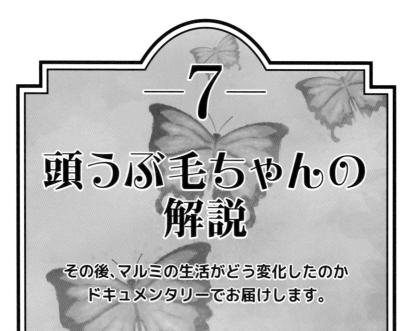

頭うぶ毛ちゃんの解説

その後、マルミの生活がどう変化したのか
ドキュメンタリーでお届けします。

一章目の背景と色違いのイラストを使ったのは
人生はループしながら変化していってるような感覚があったからです。

トライ＆エラーを繰り返しながら。

それと蝶のイラストには変化・変容の意味があり、
さらにはバタフライエフェクトのようにとても小さな出来事が
最終的に予想もしてなかったような大きな出来事につながるという
意味を込めて描かせていただきました。

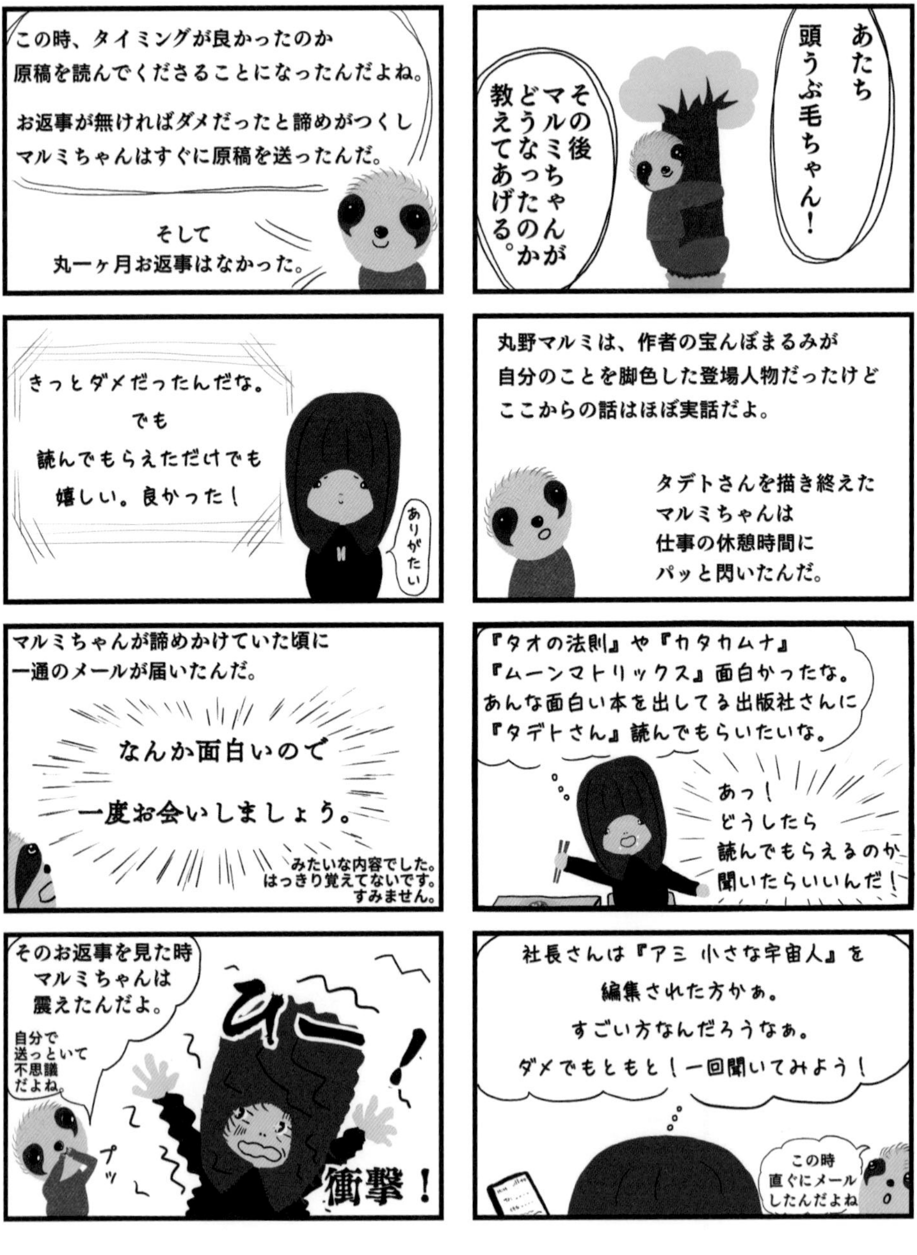
あたち頭うぶ毛ちゃん！
その後マルミちゃんがどうなったのか教えてあげる。
丸野マルミは、作者の宝んぼまるみが自分のことを脚色した登場人物だったけどここからの話はほぼ実話だよ。
タデトさんを描き終えたマルミちゃんは仕事の休憩時間にパッと閃いたんだ。
『タオの法則』や『カタカムナ』『ムーンマトリックス』面白かったな。あんな面白い本を出してる出版社さんに『タデトさん』読んでもらいたいな。
あっ！どうしたら読んでもらえるのか聞いたらいいんだ！
社長さんは『アミ 小さな宇宙人』を編集された方かぁ。すごい方なんだろうなぁ。ダメでもともと！一回聞いてみよう！
この時直ぐにメールしたんだよね
この時、タイミングが良かったのか原稿を読んでくださることになったんだよね。
お返事が無ければダメだったと諦めがつくしマルミちゃんはすぐに原稿を送ったんだ。
そして丸一ヶ月お返事はなかった。
きっとダメだったんだな。でも読んでもらえただけでも嬉しい。良かった！
ありがたい
マルミちゃんが諦めかけていた頃に一通のメールが届いたんだ。
なんか面白いので一度お会いしましょう。
みたいな内容でした。はっきり覚えてないです。すみません。
そのお返事を見た時マルミちゃんは震えたんだよ。
自分で送っといて不思議だよね。
ひー
プッ
衝撃！

そこからマルミちゃんは
他の先生方のご著書の
表紙や挿し絵を
描かせてもらうことに。
やったー

2020年
あの〜『タデトさん』を最初から描き直してもいいですか？
いいよ。
社長
出版社の方
描き直すことにしたんだよね！

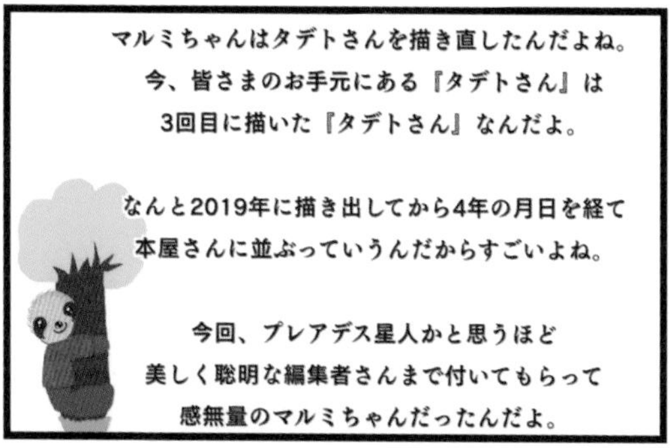
マルミちゃんはタデトさんを描き直したんだよね。
今、皆さまのお手元にある『タデトさん』は
3回目に描いた『タデトさん』なんだよ。
なんと2019年に描き出してから4年の月日を経て
本屋さんに並ぶっていうんだからすごいよね。
今回、プレアデス星人かと思うほど
美しく聡明な編集者さんまで付いてもらって
感無量のマルミちゃんだったんだよ。

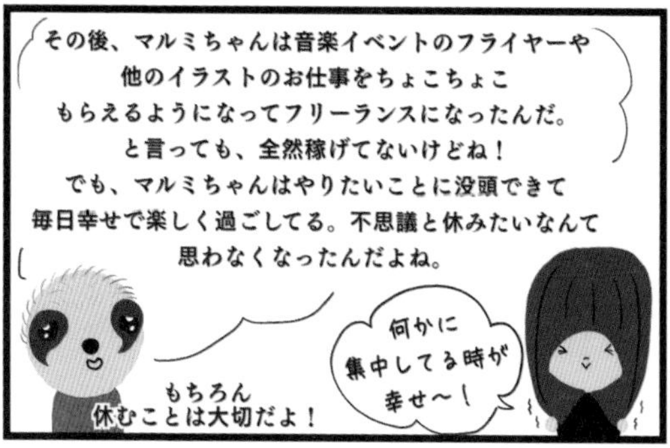
その後、マルミちゃんは音楽イベントのフライヤーや
他のイラストのお仕事をちょこちょこ
もらえるようになってフリーランスになったんだ。
と言っても、全然稼げてないけどね！
でも、マルミちゃんはやりたいことに没頭できて
毎日幸せで楽しく過ごしてる。不思議と休みたいなんて
思わなくなったんだよね。
もちろん休むことは大切だよ！
何かに集中してる時が幸せ〜！

マルミちゃんは自分自身を振り回していたのは自分自身だったと気が付いた。価値観がグラグラして要らないものを欲しがって、自分を苦しめていたのは自分だったと気が付いたんだ。まるで赤イナゴのように。
怖がって行動もせずフラストレーションを溜めて恐れと欲に支配されてました〜。
自分自身の世界を創っているのは“私”なんだと腑に落ちたら昔のような感情にはなっていない自分がいることに気付いたんです。
コラムに書いた大きな光の玉はあれからも時々私にメッセージをくれます。
そこから受け取った愛をこのマンガに込めたつもりです。『タデトさん』が必要な人の元へ届けられますように。
今がたとえ苦しくても皆さんの側にはいつも愛が溢れていてあたたかく静かに見守ってくれています。

終わり

おわりに

望外のギフトを受け取るのはあなた自身

最後に少しだけ潜在意識について触れておこうと思います。

Ｂｅ
Ｄｏ
Ｈａｖｅの法則。

自己啓発本やスピリチュアルがお好きな方であれば一度や二度どころか何度も耳にしたことがあるのではないでしょうか？

Ｂｅは「在り方」と表現されることが多いです。Ｄｏは「行動や、やり方」。Ｈａｖｅは「得られる結果」。物事はＢｅ・Ｄｏ・Ｈａｖｅの順番でよりスムーズに現実化していくのですよ～といった法則です。

例えば、

・婚活アプリに登録して（Ｄｏ）
・彼氏が出来て（Ｈａｖｅ）
・幸せになる（Ｂｅ）だと

行動⇩結果⇩在り方になっているので順番がバラバラですね。

では
・幸せな気分で過ごしていたら（Ｂｅ）
・好きなことを勝手にやっていて（Ｄｏ）
・好きなことが仕事になった（Ｈａｖｅ）だと
法則の順番通りになっていますね。
Ｂｅ（在り方やマインド）を整えることで物事がよりスムーズに現実化していきます。引き寄せの法則も同じ原理だと、私個人は思っています。
しかし私は実際の生活の中で「今のこの状態はＢｅ？Ｄｏ？どっち？」となったり、危うく「Ｂｅをちゃんとしなきゃ病」にかかりそうになって内心「めんどくさいな～」と思っていました。頭で考えるより感覚で理解する方が好きだったので私はとりあえずこう決めました。
１『やりたいことだけする』
これは楽をするという意味ではありません。やりたいことに集中して没頭してエネルギーを注ぎまくるという意味です。
２『自分と周りの大切な人にだけ時間を使う』
これは自分自身や好きな人に対して真剣に向き合うという意味です。
もともと、人から嫌われたくないという思いから自己を犠牲にするような行動をとって疲弊しがちだった自分に喝を入れ、思い切って自分のわがままな部分を受け入れてみました。そうすると自然にＢｅが整い出し、行動も変化し、得られる結果も変わりました。やったことは１つだけ。自分で引くくらい性格が悪い本音も、ドロドロした感情でも、とにかく本心を受け入れただけです。そうすると、自分の願望の裏に隠された下心のようなものが透けてきます。欲や悔しさは時に大きく自分を飛躍させるバネになりますが、下心のある欲に振り回されると自分自身を見失ってしまいます。私は落とし穴にはまらないように、その願望が愛ベースであるかどうか気をつけるようにしました。

しかし、自分の本音や本心って意外と分かってるつもりでも分かってないんですよね。私もいまだに本心が分からなくなる時があります。そんな時はキャンドルバスに入ったり、瞑想したりしてゆっくりと過ごします。そうすると、何日後か何週間後か、遅い時は何ヶ月後かにふっと本心が分かる瞬間が来るのです。変化は急にやってくることもありますが、だいたいは少しずつゆっくり訪れるでしょう。何十年もかけて作り上げられた自分の思考はそう簡単には変わりません。変化したり、また元に戻ったりしながら徐々に変わっていきます。

手っ取り早く結果を得たいという気持ちも分かりますが、焦らずじっくりと基盤を作ることも大切です。例えば、ヒョロっと頼りなさげに生えているように見える雑草も、意外と土の中ではしっかりと根を張っているものです。根が未熟だとすぐに枯れてしまいます。根をしっかり張るのも大切ですし、どこに根を張るのかも大切です。もし間違った場所に根を張ってしまったなら新しく根を張り直せば良いのです。人生はトライアンドエラーの繰り返しです。挑戦し、失敗から学び、成長していくのです。
私は本心と行動が一致すれば物事は自然に具現化していくのだと思っています。叶えたいのに叶わないのは「本心から外れていることをしているときなのではないか？」と思っています。この部分は今も検証中なので、また機会があれば結果を報告させていただきますね。
では、本心が分かるとなぜ物事は自然に具現化するのでしょうか？それが「潜在意識の力」だと私は思っています。考え方の癖や習慣のようなものなのかもしれません。無理矢理ポジティブになったり良い気分になる必要はありません。落ち込んでいる時には落ち込んでいる原因があるのです。そしてそれはあなた自身があなたを愛している証拠でもあります。あなたの本心はやりたいことがあるのに……愛してる人がいるのに……楽しいことがしたいのに……それに蓋をして見て見ぬふりをすると心が違和感を覚えます。違和感は不安や怒り、悲しみに変化したりして、あなたに気づいてもらおうとするのです。だから無理矢理気分を変える必要はありません。もし今度そんなことがあれば、なぜそんな気分になるのか少し立ち止まって心を観察してみてください。意外な本音を引き出せるかもしれませんよ。
この本を手に取ってくださったのも潜在意識の仕業かもしれませんね。宇宙は我々の想定をはるかに超えるギフトを常に用意してくれています。あとは受け取るだけ。あなただけに用意された特別な奇跡をどうぞ受け取ってください。
最後になりましたが、この本の出版を決断してくださった石井社長ならびに、この出来損ないの私に多大なる力を貸してくださった編集の川窪さん、素敵なブックデザインをしてくださったデザイナーの高岡さん、そして本書に関わってくださった全ての皆様に心より厚く感謝申し上げます。

宝んぼ まるみ

アロマセラピスト、アーユルヴェーダセラピストを経て
現在は芸術系の大学でイラストの勉強をしながらフリーランスのイラストレーター
として活動中。
著書としては本書がデビュー作となる。

迷子の魂と秘密の時空

タデトさん

ある日突然、宇宙人に連れて行かれました

第一刷　2023年12月31日

著者　宝んぼ　まるみ

発行人　石井健資

発行所　株式会社ヒカルランド
〒162-0821 東京都新宿区津久戸町3-11 TH1ビル6F
電話 03-6265-0852　ファックス 03-6265-0853
http://www.hikaruland.co.jp　info@hikaruland.co.jp

振替　00180-8-496587

本文・カバー・製本　中央精版印刷株式会社

本文・カバー・DTP　takaoka design

編集担当　川窪彩乃

ISBN978-4-86742-320-2

コンドリの主成分「Gセラミクス」は、11年以上の研究を継続しているもので、天然のゼオライトとミネラル豊富な牡蠣殻を使用し、他社には真似出来ない特殊な技術で熱処理され、製造した「焼成ゼオライト」（国内製造）です。
人体のバリア機能をサポートし、肝臓と腎臓の機能の健康を促進が期待できる、安全性が証明されている成分です。ゼオライトは、その吸着特性によって整腸作用や有害物質の吸着排出効果が期待できます。消化管から吸収されないため、食物繊維のような機能性食品成分として、過剰な糖質や脂質の吸収を抑制し、高血糖や肥満を改善にも繋がることが期待されています。ここにミネラル豊富な蛎殻をプラスしました。体内で常に発生する活性酸素をコンドリプラスで除去して細胞の機能を正常化し、最適な健康状態を維持してください。

カプセルタイプ

コンドリプラス100
（100錠入り）
23,100円（税込）

コンドリプラス300
（300錠入り）
48,300円（税込）

コンドリプラスは右記QRコードからご購入頂けます。

QRのサイトで購入すると、
35%引き！
定期購入していただくと50%引きになります。

本といっしょに楽しむ イッテル♥ Goods&Life ヒカルランド

CMCのテロメア活性化とラジウムのホルミシス効果で
細胞を活性化！ 冷え対策にバッチリ！！

CMC&Hi-Ringo スーパーストール

販売価格：33,000円（税込）
●カラー：ネオパープル　●サイズ：幅約86㎝×長さ約139㎝　●素材：ナイロン80％、ポリウレタン20％
※模様になっているプリント面を、なるべく広い範囲で体に当てるようにご使用ください。

ゼロ磁場を発生させ、奇跡の新素材と言われるCMC（カーボンマイクロコイル）と、ラジウムのもつ体細胞を活性化させるというホルミシス効果を併せたちょっと欲張りなストール。冷えたな、と感じたら、大きめのストールでしっかりと体を包み込めます。大判なので、ひざ掛けにしても布がたっぷり余ります。ティッシュボックスより小さく折り畳めるので、持ち運びにも大変便利。どこへでも携帯可能です。

【お問い合わせ先】ヒカルランドパーク

＊ご案内の価格、その他情報は発行日時点のものとなります。